Der Tod - die Brücke zur Realität

Winfried Weber

Der Tod - die Brücke zur Realität

Einblicke in den derzeitigen Stand des Wissens

1. Aufage, 2022
Veröffentlicht im Smaragd Verlag, Basel, Zürich, Roßdorf
eine Marke der Sentovision GmbH,
www.smaragd-verlag.de

Vertrieb:
Synergia Auslieferung GmbH
Industriestr. 20
64380 Roßdorf
www.synergia-auslieferung.de

Umschlaggestaltung: Vanessa Cabrera-Fröhlich
Gestaltung und Satz: FontFront.com, Roßdorf

Printed in EU
ISBN-13: 978-3-955312-11-4
Bibliografische Information der Deutschen Bibliothek
Die Deutsche Bibliothek verzeichnet diese Publikation in der deutschen Nationalbibliographie;
detaillierte bibliografische Daten sind im Internet unter http://dnb.ddb.de abrufbar.

Inhalt

Der Wissenschaftler glaubt nicht.
Er beobachtet und versucht zu verstehen.
Dennoch muss er das Unbegreifliche in sein
Denken miteinbeziehen.

„Der erste Schluck aus dem Glas der Wissenschaft macht Sie zu einem Atheisten, aber Gott wartet auf Sie am Boden des Glases."

Werner Heisenberg (7)

Dieses Buch

Das Wunder des Lebens zu erkunden, zu begreifen und nachzuvollziehen, das ist der Wunsch vieler Wissenschaftler. Leben zu beenden ist einfach, aber Leben zu erschaffen, ist bisher trotz größter Bemühungen nicht gelungen.
Viele Mediziner würden gerne als Wissenschaftler gesehen und anerkannt werden. Es ist zu bedenken, dass derzeit die wissenschaftliche Weltanschauung physikorientiert ist und Physik sich nur an toter Materie orientiert. Wer sich als Wissenschaftler mit Menschen beschäftigt, hat übersehen, dass jeder Mensch ein Individuum ist, das einzigartig fühlt, denkt und handelt, das eigene Ängste und Schmerzen empfindet, das mit dem Beginn seiner Zeugung unvergleichbar ist. Der Mensch lebt sein eigenes Leben und stirbt seinen eigenen Tod. Der Mensch, wie jedes andere Lebewesen, gehört deshalb zu den Gattungen, die nicht standardisiert werden können und die deshalb, was die Erforschung der „Funktion Leben" angeht, für die Wissenschaft völlig unbrauchbar sind.
Im Gegensatz zu den Wissenschaftlern haben Ärzte das begriffen. Das Leben zu behüten, ist die Aufgabe des Arztes. Sie sehen hinter der Erscheinung, die aus Muskeln, Haut, ein paar Organen und Knochen besteht, einen Hilfesuchenden, dem bei der Bewältigung seiner Probleme geholfen werden muss. Sie haben offene Ohren, erkennen die versteckten Hilferufe und schauen hinter die schützende Fassade ihrer Patienten.

Nicht so Mediziner. Sie haben im Studium gelernt, dass es Krankheiten gibt, die es zu behandeln gilt. Dafür existieren Leitlinien, Statistiken und Studien, die umgesetzt werden müssen. Der Mensch hinter der Krankheit ist sekundär.

Dies ist ein etwas anderes Buch. Dieses Buch ist eine Folge von Stellungnahmen herausragender Menschen, Wissenschaftler, Mediziner und Ärzte zu Themen wie Sterben, Tod, Leben, Realität und Zeit. Es sind Bausteine, aus denen sich jeder, die für ihn passenden Teile entnehmen kann, um damit ein für ihn stimmiges Bild zu schaffen. Beziehen Sie Ihre eigene Position!

Ich gebe Ihnen Recht. Manche der Passagen in diesem Buch sind schwierig oder kontrovers. Überlesen Sie sie einfach und starten Sie nach der Lektüre des Buches die Lektüre erneut. Das erleichtert es Ihnen, in die faszinierende Welt der Quanten einzutauchen.

Wenn einer 75 Jahre alt ist, kann es nicht fehlen, dass er mitunter an den Tod denke. Mich lässt dieser Gedanke in völliger Ruhe, denn Ich habe die feste Überzeugung, dass unser Geist ein Wesen ist ganz unzerstörbarer Natur; es ist ein fortwirkendes von Ewigkeit zu Ewigkeit. Es ist der Sonne ähnlich, die blos unseren irdischen Augen unterzugehen scheint, die aber eigentlich nie untergeht, sondern unaufhörlich fortleuchtet.

Goethe zu Eckermann am 2. Mai 1824

Endet Leben?

Es ist ungefähr ein Jahr her, als mich ein Arzt aus dem Taunus anrief. Er hätte einen jungen Patienten mit einer schweren Krebserkrankung. Der 17-jährige Junge bestehe nur noch aus Haut und Knochen, würde nicht mehr essen und werde zunehmend apathisch.
Der Junge litt an einem embryonalen Krebs, d.h. er wurde mit Krebs geboren. Im Alter von 12 Jahren erhielt er eine Lebertransplantation, da seine Leber voller Metastasen war.
Er wurde zu mir geschickt, weil Ich die Erfahrung gemacht hatte, dass man mit kaltem Plasma (einem Gemisch aus ionisierter Luft und freien Elektronen) schwerkranken Leuten wieder etwas mehr Lebensqualität vermitteln kann. Das hatte sich herumgesprochen.
Zwei Tage später stand er vor mir, bis auf die Knochen abgemagert, seit Tagen nichts gegessen, schwach, wortkarg, kloßige und schwerverständliche Sprache, misstrauisch. Ich bestrahlte seinen ganzen Körper mit kaltem Plasma. Als ich fertig war, sprang er auf und verkündete: „jetzt gehen wir zu Mac Donalds". Er kam noch zweimal. In dieser kurzen Zeit entwickelte sich eine kleine Freundschaft zwischen uns. Eine Woche nach seinem letzten Besuch starb er.

Zwei Wochen nach seinem Tod saß ich auf der Terrasse und googlete ihn auf meinem Handy. Es stellte sich heraus, dass ein bekannter Fußball Club ihn in seiner Krankheit begleitet hatte. Ich legte das ausgeschaltete Handy vor mich auf den Terrassentisch und plötzlich erklang das Lied „Memorys" aus dem Musical Cats.
Drei Wochen später mailte seine Mutter, dass sie noch ein Gerät von mir habe, welches sie zurückschicken wolle. Ich mailte zurück und fragte, was es mit „Memorys" auf sich habe. Sie antwortete, ich wäre doch sicher bei der Trauerfeier gewesen. Es sei das einzige Musikstück, was gespielt worden wäre. Seine Lieblingsmusik war Gangster- Rapp, aber der ist bei einer Trauerfeier ja unangebracht. Nebenbei erwähnte die Mutter die weiße Feder, die vor ihrer Haustür lag, als sie von der Trauerfeier nach Hause kam.

Fazit: Dieses war eines der vielen Ereignisse, die mir die Gewissheit gaben, dass es mit dem Tod nicht zu Ende geht, sondern sich neue Horizonte auftun. Aber was ist da passiert? Wie ist das zu verstehen? Schauen wir uns zuerst den Prozess des Sterbens an.

„Wie in dem Moment, in dem wir in die Welt kommen, haben wir, wenn wir sterben, Angst vor dem Unbekannten. Aber Angst ist etwas, das nichts mit der Realität zu tun hat. Sterben ist wie geboren zu sein: nur eine Veränderung."

Isabel Allende chilenische Schriftstellerin

Sterben

Im Folgenden beziehe ich mich auf Interviews mit Dr. Fenwick (4) von 2019 bis 2021. Dr. Peter Fenwick ist als Neurologe und Psychiater in Groß-Britannien tätig. In den Achtzigern moderierte er für die BBC eine Sendung über Nahtoderfahrungen. Im Anschluss an diese Sendung erhielt er über 2000 Briefe von Menschen, die über ihre Nahtoderfahrungen berichteten. Damit erhielt er eine riesige Datensammlung über Nahtoderlebnisse. An 500 Personen aus diesem Datenpool verschickte er Fragebögen, um die Daten zu untermauern. Er stellte fest, dass Nahtoderfahrungen vor allem bei Herzstillständen auftreten, aber auch bei Blutdruckabfällen, unter der Geburt und bei extremen Angst- und Krankheitszuständen.
Die Thanatologie, die Lehre vom Tod, faszinierte ihn. Um noch mehr Daten über den Prozess des Sterbens zu erhalten, startete er eine Studie in Zusammenarbeit mit drei Hospizen, zwei in England und einem in den Niederlanden und einem Pflegeheim. Die Studie wurde in zwei Ländern ausgeführt, da kulturelle Einflüsse und Unterschiede miterfasst werden sollten. Weil eine direkte Befragung der Sterbenden durch Ärzte ethisch nicht vertretbar war, wurden die Pfleger und Pflegerinnen, die in engem Kontakt zu ihren Patienten standen, befragt. Der Dalai-Lama erwähnte, so sagt Fenwick, dass jeder Mensch 2 Jahre vor seinem Tod weiß, dass er sterben wird. Zunächst als Vorahnung. Das heißt, noch bevor sie eine entsprechende Diagnose erhalten, wird es ihnen beispielsweise durch eine Eingebung oder einen Traum klar.

Ein paar Wochen bevor jemand stirbt, erscheinen ihm auf besondere Weise Besucher an seinem Bett. Der Vorgang verläuft folgendermaßen: Sterbebettbesucher kommen und teilen dem Menschen mit, wann er sterben wird. Manchmal nehmen sie den Sterbenden auch mit, um ihm zu zeigen, was geschehen wird. Sie bringen den Sterbenden in eine neue Realität und die ist sehr real. Voller Licht, voller Liebe, voll von spirituellen Wesen. Das ist sehr beruhigend und sehr tröstlich. Nicht alle, aber sehr viele Menschen gelangen dorthin. Diese Wesen machen den Sterbenden klar, dass sie keine Angst haben müssen, und dass sie sie beim Sterben begleiten werden.
Bei einem Viertel der Besucher handelt es sich um das eigene Elternteil. Es können aber auch bereits verstorbene Verwandte sein. Diese können außerhalb des Sterbebettes auftauchen oder, was sehr häufig vorkommt, in das Zimmer kommen. Der Sterbende spricht natürlich mit ihnen. Manche dieser Besucher setzen sich zu ihm ans Bett, weil es ungemein tröstend ist, jemanden an seinem Bett sitzen zu haben. Mutter und Vater werden gewöhnlich gesehen, verstorbene Ehegatten kommen sehr häufig. Peter Fenwick fand heraus, dass auch Geschwister erscheinen und gelegentlich sogar Menschen, die der Sterbende überhaupt nicht kennt. Der Besuch von Tieren wird nicht erwähnt. Bei den Besuchern handelt es sich hauptsächlich um enge Verwandte.
Fenwick fand in seiner Studie auch heraus, dass geistige Wesen z.B. Engel gesehen werden. Diese warten entweder außerhalb des Hospizes oder der Sterbende sieht sie durch das Fenster oder wie sie zur Tür kommen. Manche kommen auch herein. Dabei muss betont werden, dass der kulturelle Hintergrund eine große Rolle spielt. Eine Studie aus Nordamerika berichtete, dass sehr häufig Engel gesehen wurden. In Fenwicks Studie sahen dagegen nur 3% einen Engel.
In unserer Kultur geht man im Sterbeprozess durch einen Tunnel. Man trifft ein Lichtwesen, man geht in eine transzendente Wirklichkeit, wo man abgeschiedene Verwandte und geistige Wesen antrifft. Man erlebt vielleicht einen Lebensrückblick. Zuletzt gelangt man an eine Grenze. Überschreitet man diese, dann stirbt man. Tunnel und Licht werden in westlichen Ländern viel häufiger erlebt als in einigen östlichen Ländern. Japaner bewegen sich üblicherweise nicht

durch einen Tunnel. Sie gelangen meist an einen schwarzen Fluss, den sie überqueren müssen. Sie müssen ein Boot finden, welches sie mit hinübernimmt.
Wenn der Zeitpunkt des Sterbens näher rückt, beginnt das nächste Stadium. Fenwick dachte ursprünglich, dass der Betroffene dabei einfach in eine andere Realität eintritt, in eine geistige Welt und dann wieder zurückkehrt, so als ob er sich erst daran gewöhnen muss. Dieses Hineingehen und Wiederzurückkommen erachtete Fenwick für Sterbende als wesentlich. Doch seine Vorstellungen über diese Sterbephase haben sich geändert. Die Beobachtungen der Thanatologin Monika Renz haben bestätigt, dass Menschen tatsächlich in diese andere Realität gehen.
Ab einem bestimmten Zeitpunkt ist klar, dass man sterben wird. Das trifft einen hart. Es gibt keinen Weg zurück. Es handelt sich nicht um einen Heilungsprozess, sondern um einen Sterbeprozess. Man befindet sich in einer schwierigen Situation, wie man sie bisher noch nicht erlebt hat. Denn man hatte immer eine gewisse Kontrolle über sein Leben. Jetzt aber nicht mehr. Man muss damit beginnen, alles loszulassen. Das ist entscheidend. Man muss damit aufhören, sein bisheriges Leben weiterführen zu wollen. Wenn das nicht gelingt, bleibt man gebunden, und diese Erdgebundenheit kann das Sterben sehr schwer machen.
Wer aber alles aufgeben kann, erlebt doch einen sehr sanften Übergang. Man gelangt also von einer Vorphase des Übergangs, in der man noch an das bisherige Leben gebunden ist, über eine Übergangsphase, die eine Art Zwischenstufe darstellt, weiter in eine nachfolgende Phase, in der man tatsächlich alles hinter sich lassen wird, und mehr und mehr in den spirituellen Bereich eingeht.
So ist es mit dem Sterben. Am Ende hat man sein Ego verloren, jenen Teil von sich selbst, der einen nach außen hin abgrenzt. Man verabschiedet sich von der Dualität, man erlebt die Einheit mit dem Universum. Das heißt, man hat alle Äußerlichkeiten des Körpers und der irdischen Person, die man war, hinter sich gelassen und hat sich mit der Nondualität, einem Zustand, den wir erst gerade zu verstehen beginnen, des größeren Kosmos verbunden. Im Zustand der Nondualität erlebt man die Einswerdung mit dem Kosmos. Die

Vorstellung, dass man dort viele Dinge seines irdischen Lebens behält und zum Beispiel seine Mutter wieder begrüßen kann, trifft wahrscheinlich nicht zu.
Es wirken also 2 Kräfte: das Sterben führt in ein größeres Jenseits und das irdische Leben zieht sich zurück in seine Begrenzung. Man geht durch diese 3 Phasen: das Vor-dem-Hinüber-Gehen, das Hinüber-Gehen und das Nach-dem-Hinüber-Gehen. Du legst deine körperliche Form ab und bleibst in deiner geistigen Form.
Vor dem Tod ist noch ein weiteres Phänomen erwähnenswert: die terminale Geistesklarheit. Man setzt sich plötzlich im Bett auf und sagt „Hallo" zu den Umstehenden. Aber in Wirklichkeit bedeutet es „Auf wiedersehen", denn man weiß, was nun geschieht. Dann legt man sich zurück und stirbt.
Das allein ist schon bemerkenswert. Aber noch viel interessanter ist, dass das gleiche auch Menschen tun, die sich in Langzeitpflege befanden, die gelähmt waren und sich seit vielleicht einem Jahr nicht mehr bewegt haben. Auch sie können sich aufsetzen. Für kurze Augenblicke scheint das Zentralnervensystem wieder ordnungsgemäß zu funktionieren.
Und noch weit interessanter findet es Fenwick, dass auch Alzheimer Patienten in Pflegeheimen, demente Menschen, die ihr Gedächtnis schon Jahre zuvor verloren hatten, sich aufsetzen. Ihre Freunde erkennen, sich verabschieden, manchmal auch ihre verstorbenen Verwandten wahrnehmen und sich dann zurücklegen und sterben.
Das stellt die Wissenschaft vor eine große Frage, weil diese davon ausgeht, dass das Gehirn Bewusstsein erzeugt.
Viele nahestehenden Menschen möchten gerne noch einmal ans Sterbebett kommen. Diese Begegnungen sind so wichtig, dass der Sterbende seinen Tod sogar etwas hinauszögern kann. Wenn der Sterbende von einem Angehörigen zum Beispiel hört, „ich komme am Dienstag wieder", dann stirbt er erst am Dienstag.
Aber wenn jemand stirbt und den Drang verspürt, seine Tochter oder seinen Sohn noch einmal zu sehen, weil sie nicht ans Sterbebett kommen konnten, dann kann er sie besuchen. Dieser Besuch findet auf besondere Weise statt. Fenwick hat viele derartige Fälle analysiert. Diese Sterbebett-Koinzidenzen ereignen sich zum Todeszeitpunkt in

99% innerhalb einer halben Stunde vor Todeseintritt, die meisten davon zur genauen Todeszeit. Das hängt vom mentalen Zustand der Person ab, die besucht wird.
Wenn man im wachen Zustand einen derartigen Besuch erhält, hat man vielleicht das Gefühl, dass gerade ein Bekannter stirbt, dass er Hilfe braucht oder dass irgendeine Katastrophe passiert.
Im Schlaf ist es deutlich anders. Man erlebt eine Szene im Traum. Die Botschaft lautet meistens „Mir geht es gut ".
Es gibt aber noch weitere Phänomene in Todesnähe, z.B. Lichterscheinungen im Sterbezimmer. Das Licht wird als sehr intensiv erlebt. Der Raum kann lichtdurchflutet sein und in den Nachbarraum eindringen. Dieses Phänomen erleben aber nur Menschen mit einer starken emotionalen Bindung an den Toten.

Fazit: Am Übergang in den Tod und damit in eine Welt in einer anderen Dimension, können Interaktionen auftreten, die aus der Perspektive unserer Welt gesehen kaum zu erklären sind.

Was wir loslassen können bestimmt, wie hoch wir fliegen.

(unbekannt)

Zwischenwelten

Eben Alexander (37), ein profilierter amerikanischer Neurochirurg und Gehirnspezialist, erkrankte an einer durch Coli-Bakterien ausgelösten Enzephalo-Meningitis. Der Neocortex wurde dabei vollständig zerstört. Er fiel schlagartig ins Koma. Zu diesem Vorfall hier seine Stellungnahme: „Mein Leben begann in einer Froschperspektive, einem sehr primitiven eingeschränkten Bewusstsein. In diesem Zusammenhang ist der Hinweis wichtig, dass ein atypisches Merkmal meiner Nahtoterfahrung eine Amnesie war. Ich hatte keine Erinnerung mehr an mein Leben - wie ein unbeschriebenes Blatt Papier – als ich mich dort wieder fand. Es begann in diesem primitiven, reaktionslosen Reich, welches ich Froschperspektive nenne.
Wissen Sie, ich hatte dort überhaupt keine Angst, weil ich mich ja an nichts erinnern konnte. Das war wichtig. Ich konnte somit ein reiner Beobachter sein und mich auf die Reise einlassen. Daraufhin wurde ich durch ein langsam wirbelndes Portal aus Licht und Musik aus dieser Froschperspektive befreit. Dieses Portal hatte sich wie ein Wurmloch geöffnet und eine Art Weg in einem höherdimensionalen Raum geschaffen. Ich stieg in dieses Portal hinauf und fand mich in diesem wunderschönen und äußerst realen Zugang wieder, der viele erdähnliche Merkmale aufwies: Eine wunderschöne Wiese, unbeschreibliche Wälder, üppiges Pflanzenleben, knospende Blüten auf den Bäumen und nirgendwo Anzeichen von Tod oder Verfall. Es war eine absolut wundervolle Vision eines erdähnlichen Tals. Da waren Tausende Wesen unter mir, die in Freude und Heiterkeit umher tanzten. Als ich dieses Szenario Wochen später, nachdem ich aus dem Koma erwacht war, aufschrieb, da bezeichnete ich diese Wesen als Seelen zwischen den Leben.

Während dieser gesamten Reise war ich mir nie eines Körpers bewusst. Aber ich war mir bewusst, dass ich ein Beobachter war. Und dieser Beobachter befand sich auf einem Schmetterlingsflügel. Es gab Millionen von Schmetterlingen in diesen riesigen, sich schlängelnden, spiralförmigen Formationen unbeschreiblicher Farben, Farben jenseits des Regenbogens. Und das Beste an dieser gesamten Reise war der Eindruck einer wunderschönen Welt der Perfektion, einer Welt der Ideale. Und ich war nicht allein. Da war eine schöne junge Frau, die sich neben mir auf dem Schmetterlingsflügel befand" (37). Nun fand auch hier, wie bei der folgenden Person, ein Informationsaustausch zwischen den beiden statt.

Ähnlich verhielt es sich bei Frau Anita Moorjani (38). Sie litt unter einem metastasierenden Ovarial-Karzinom. Die Metastasen breiteten sich im gesamten Körper aus. Manche dieser Metastasen hatten die Größe einer Zitrone. Sie magerte auf 39 kg ab. Die Haut über den Metastasen öffnete sich und nässte. Dazu kam ein ausgedehntes Lungenödem, das ihr das Atmen im Liegen fast unmöglich machte. 2006 fiel sie ins Koma. Im Koma konnte sie alles wahrnehmen, was mit ihr geschah und um sie herum passierte. Sie sah es bei geschlossenen Augen räumlich, wie sie sagte im 360 Grad-Blick, vermittelt über ihr Bewusstsein. Dieses sehende Bewusstsein breitete sich in Folge über den Raum, in dem sie lag, das Krankenhaus und die Stadt Hongkong aus. Sie fühlte sich leicht, glaubte zu schweben. Schmerz und Angst verschwanden. Sie fühlte bedingungslose Liebe. Sie begann andere Wesen, um sie herum wahrzunehmen: So ihren 10 Jahre zuvor verstorbenen Vater. Sie tauschten sich ohne Sprache aus, im Wissen von dem, was der andere ihnen mitteilte und beide verstanden es. Die Ursache ihres Krebses wurde ihr klar vor Augen geführt. Ihr wurde, wie bei Eben Alexander, mitgeteilt, sie müsse in die andere Welt zurückkehren, weil noch viele Aufgaben dort auf sie warten würden. Als sie aus dem Koma erwachte, erholte sie sich langsam und die Metastasen bildeten sich in den folgenden Wochen vollständig zurück.

Auch die Neurochirurgin Mary C. Neal hatte bei einer Wildwasserfahrt in einem weit abgelegenen Waldgebiet Chinas ein ähnliches Erlebnis. Ihr Kajak kenterte und sie wurde 30 Minuten unter Wasser gehalten. Durch Zufall fand man ihren Körper und versuchte sie wiederzubeleben, was wider Erwarten auch gelang. Sie erlitt multiple Knochenbrüche, aber ein Hirnschaden blieb eigenartigerweise aus. Auch sie erlebte, nachdem sie ertrunken war, die gleiche Abfolge: in der anderen Welt begrüßten sie die Großeltern. Sie ging einen Pfad begrenzt von duftenden Blumen entlang, genoss die „Farbexplosion“, die Musik und die ihr entgegenströmende Liebe, nachdem sie erneut in ihren Körper hineingezogen wurde. Auch sie weigerte sich zuerst zurückzugehen, aber es wurde ihr aufgetragen.

Fazit: Vor dem irreversiblen Tod wird unser Geist, die Seele oder unser Bewusstsein, so wie es scheint, in eine Art Zwischenwelt „projiziert“, in der wir mit Hilfe von Wesenheiten aufgeklärt oder belehrt werden. Bei der von höheren Wesen geforderten Rückkehr in die in unseren Augen reale Welt greift eine Art „Reparaturmechanismus“, der das Programm der vorher vorhandenen, auf Tod ausgerichteten Krankheit umkehrt und zur Heilung führt.
Bei den geschilderten Fällen, wie auch bei der überwiegenden Anzahl aller bekannten Nahtoderlebnisse, geht zum Zeitpunkt des Austritts aus dem Körper das Gefühl für die Zeit verloren. Alle erleben ein warmes Licht, welches Wärme ausstrahlt, und überall schwingt Musik. Das Bewusstsein erweitert sich.

Die Wirklichkeit ist nur eine Illusion, aber eine sehr hartnäckige.

Albert Einstein

Realität

Wie einige andere Physiker betont auch Bohm (1), dass die Realität aus Prozessen und nicht aus Dingen besteht. Materie ist nichts Dauerhaftes, da sie im Gegensatz zur Energie geschaffen und zerstört werden kann. Sowohl Geist als auch Materie werden als Prozesse und nicht als Dinge aufgefasst, so dass das herkömmliche Geist-Materie-Problem, bei dem die Materie ein Ding ist, der Geist aber nicht, aufgelöst wird.
Unser ganzes Universum besteht aus gleich schwingenden (kohärenten) Wellen. Das Ganze wird mit den Begriffen Quantenvakuum oder Quantenfeld bezeichnet. Man versteht darunter den Vakuumzustand der Quantenphysik, den Zustand niedrigster Energie. Dieser Zustand entspricht einem Wellenfeld mit geordneten Wellen. Materie ist lediglich gebundene Energie und kann in Energie zurückverwandelt werden. Das Universum sollte nicht als eine Ansammlung von Dingen, sondern als eine Reihe von interagierenden Prozessen betrachtet werden.
Stellen Sie sich einen riesigen Kasten, voll mit streng geordneten und identischen Legosteinen, vor. Was könnte man daraus alles bauen! In dieser Ordnung sind die einzelnen Steine nicht zu erkennen, da sie sich zu einer Einheit verbinden. Dieser geordnete Verbund bietet eine Unmenge Möglichkeiten, etwas zu bauen und beinhaltet auch endlose Wahrscheinlichkeiten, dass etwas daraus gebaut werden könnte. Doch werden aus diesem geordneten Legosteine-Kasten Steine entfernt und irgendetwas aus diesen Steinen gebaut, wird die Ordnung gestört, Strukturen treten auf und diese werden plötzlich als Materie sichtbar.

Trifft unser Bewusstsein mit einer ganz eigenen Wellenkonfiguration auf dieses Quantenfeld mit geordneten Wellen, treten im Wellenbild Interferenzen auf. Es kommt zu Wechselwirkungen. Die Wellen werden ungleichförmig, dekohärent*.
Unsere Sinnesorgane nehmen diese dekohärenten Wellen wahr und ordnen diese materiellen Realitäten zu. Unser Bewusstsein erschafft durch unsere Sinnesorgane Realität und Materie.
Nun, werden Sie sagen, das ist ja vollkommener Unsinn. Unsere Sinnesorgane und unser Gehirn bestehen doch aus Materie und wo kommt die her? Das ist einfach zu beantworten: Sie liegen als dekohärente, d.h. im weitesten Sinne als ungeordnete Wellenstruktur schon in unserem Bewusstsein vor.
„Das Leben, das wir mit unseren 5 Sinnesorgane wahrnehmen, ist keine wahre Realität. Die Quantenphysik hat gezeigt, dass Raum und Zeit nur eine Illusion unserer Wahrnehmung sind. Alles was wir sehen besteht aus Atomen und auch wir selbst bestehen aus Atomen. Das Atom besteht aber zum größten Teil aus leerem Raum. Aber wie können dann diese Atome die Welt um uns herum erschaffen? Unsere Körper sind Transportmittel für unsere geistigen Strukturen. Alles schwingt, angefangen von Elektronen bis hin zum unendlichen Universum und tritt in Resonanz. Wir leben in einer Illusion unseres Körpers und der Illusion des Getrenntseins.
In Wirklichkeit gibt es eine allgemeine geistige Verbindung zwischen allen Universen, und wir sind ein Teil von einem einheitlichen, alles umfassenden, großen Ganzen.
Die Wahl der erlebten Realität geschieht durch die Erwartungshaltung (Überzeugungen durch Glaubenssätze, Gedanken, Gefühle eines Menschen). Die Quantenphysik kennt in dem Zusammenhang den Begriff der Intentionalität. Jeder Beobachter beeinflusst seine Beobachtung durch seine Intentionalität (Zielgerichtetheit). Solange der Mensch dasselbe denkt, fühlt, glaubt, erwartet, wird

* Dekohärenz ist ein Phänomen der Quantenphysik, das zur unvollständigen oder vollständigen Unterdrückung der Kohärenzeigenschaften quantenmechanischer Zustände führt. Dekohärenz- Effekte ergeben sich, wenn ein bislang abgeschlossenes System mit seiner Umgebung in Wechselwirkung tritt).

er stets dasselbe Ergebnis in der physischen Realität wiederfinden. Da er in diesem Fall stets das gleiche Ergebnis erhält, ist dem Menschen nicht bewusst, dass er die Realität nur deshalb so erlebt, weil er sie aufgrund seiner Intention (Überzeugung etc.) gewählt hat. Bewusst seine Intention auszurichten, bedeutet, die Realität zu steuern (18)".
Beispiel: Ihre geliebte oder ungeliebte Schwiegermutter steht vor der Tür. Ihr Gehirn erfasst über die Sinnesorgane Wellenmuster und baut sich daraus ein Bild. Der Inhalt des Bildes wird von unseren vorausgegangenen Erfahrungsmustern und positiven oder negativen Glaubenssätzen bestimmt. Das Gehirn setzt das so gewonnene Bild in chemische Stoffe (z.B. Hormone, Proteine) um, die über das Blut zu den Körperzellen gelangen und dort ihre Signalwirkung entfalten. Das Resultat: Sie schütten Serotonin aus und öffnen erfreut die Tür oder Sie schütten Stresshormone aus und verstecken sich hinter dem Vorhang, um nicht öffnen zu müssen. Dies sind zwei mögliche Realitäten, die Sie selbst erschaffen haben. Unter dem Strich handelt es sich um ein Konglomerat von Wellenmustern in interagierenden Feldern.

Fazit: Realität ist abhängig von unseren Projektionen und Erfahrungen. Jeder erbaut sich seine eigene Realität.

Auf den Tod programmiert

Es war an einem Sonntag, als ich mein Auto zur Waschanlage einer Tankstelle brachte. Zwei Autos standen schon vor der Anlage und ich reihte mich ein. Ich kam ins Gespräch mit einer netten Frau mittleren Alters. Sie erzählte mir Ihre Leidensgeschichte. Zwei Jahre zuvor wäre bei ihr Brustkrebs festgestellt worden und jetzt seien Metastasen vorhanden. Maximal noch ein halbes Jahr hätte sie zu leben. So habe es der behandelnde Arzt ihr prophezeit. Und so ist es halt.

Es schien mir, als hätte sie den Tag ihres Todes schon in ihrem Terminkalender eingetragen und sie müsse die Zeit bis dahin nur noch überbrücken. Sie kam dutzend Mal zu mir in die Praxis, und ich versuchte diesen Fluch zu durchbrechen. Vergebens! Pünktlich zu ihrem vorbestimmten Todestag verabschiedete sie sich.

Ein befreundeter Onkologe, also ein Facharzt für Krebsbekämpfung, besuchte mich in der Praxis. Er war an einem Pankreaskarzinom erkrankt. Eine unserer gemeinsamen Patientinnen erzählte ihm von meiner Plasma-Therapie und die wollte er jetzt ausprobieren. Chemotherapie lehne er ab. Die wenig überzeugende Wirkung gegen Krebs hätte er bei seinen Patienten gesehen und auf die ausgeprägten Nebenwirkungen könne er verzichten. Im Übrigen werde er an dem Karzinom sterben. Alle seine Patienten mit Pankreas-Karzinom seien gestorben, deshalb auch er. Jeden Tag würde er in seiner Praxis das Wachstum seiner Metastasen mit einem Ultraschallgerät verfolgen und sie wüchsen. Knapp ein halbes Jahr lang konnte er seine Untersuchungen weiterführen. Dann starb er.

Eine bildhübsche dreißigjährige Lehrerin war zwei Jahre vor ihrem ersten Besuch bei mir an Brustkrebs erkrankt. Sie wurde in einem führenden Universitätsklinikum behandelt und als gesund entlassen. Jetzt nach zwei Jahren seien überall Metastasen festgestellt worden und die Universitätsärzte würden sie mit Chemotherapie behandeln. Daneben hätte Sie im Umkreis von 200 km noch weitere Ärzte, die sie alternativ therapieren würden. Jeden Tag besuchte sie im Schnitt zwei Ärzte. Mit ihrer Schulklasse veranstaltete sie eine tränenreiche „Abschiedsparty“. Als ich sie das letzte Mal sah, befand sie sich, wie auch

die vorgenannten Patienten, in einem guten körperlichen Zustand. Niemand wäre auf die Idee gekommen, dass einer dieser Menschen an Krebs erkrankt war.
Was ist die Ursache für ein solches Verhalten? Im ersten Fall hat ein schwachsinniger und verantwortungsloser Arzt einen Voodoo-Fluch ausgesprochen, dem die Patientin vertraute und sich unterordnete.
Im zweiten Fall hat ein Arzt aus seinen lebenslangen Erfahrungen eine eigene Realität zusammengestrickt, in die er sich fügte.
Im Falle der Lehrerin siegte die blinde Unterordnung in eine unsichere Medizin und Alternativtherapie zur Katastrophe. Sie wollte etwas tun gegen ihren Krebs, ohne zu wissen, auf was sie sich einlässt und übertrug, wie alle anderen, die Verantwortung auf ihre Therapeuten.
Für den Arzt gibt es in der Medizin dafür den Begriff des „ut aliquid fiat". Er bezeichnet eine Therapie, die nur eingesetzt wird, weil man dem Patienten eine hilfreiche Aktion vorspiegeln will, wenn man selbst als Arzt mit seinem Latein am Ende ist.
Im Gegensatz dazu überträgt sich die Überzeugung des Arztes, die richtige Therapie für den Patienten gefunden zu haben, positiv auf den Patienten.

Fazit: Die übergeordnete Ursache dieser Schicksalsschläge ist der Verlust des Vertrauens in sich selbst, das Nicht-seinem-Bauchgefühl-Vertrauen, die Unterordnung unter Pseudokoryphäen und unverstandene oft inhaltslose, systemische Therapieangebote.

Wir verstehen das Leben nicht. Wie sollen wir dann das Wesen des Todes erfassen.

Konfuzius

Quantendimensionen

Eine mögliche Antwort auf das „Wie könnte so etwas, wie unser Hirn und die Steuerung unserer Gedanken funktionieren?" ist aus dem 12 -Dimensionen- Modell oder Quantenfeldmodell von Burkhard Heim (6) und Dröscher ableitbar. Dieses Modell ist mathematisch mehrmals bewiesen worden, wird aber von vielen Wissenschaftlern, da es wahrscheinlich nicht „in" ist oder nicht verstanden wird, angezweifelt.
Das 12-Dimensionenmodell beschreibt, wie unsere Welt funktioniert. Es besteht aus einer Menge für Nicht-Physiker unbegreifbarer Formeln, was es dadurch nicht beliebter macht. Es beschreibt Informations- und Quantenfelder und fällt damit in den Bereich der Quantenmechanik. In diesem Zusammenhang sind die Worte Richard Feynmans (5) beruhigend, der sagte:" Wer glaubt, die Quantentheorie verstanden zu haben, hat sie nicht verstanden".
Das Quantenmodell gliedert unsere Welt, den Schalen einer Zwiebel entsprechend, in 12 Dimensionen, die gleichzeitig existieren.
Den Kern bildet die dreidimensionale, von uns als real eingeschätzte Welt. Die 4. Dimension, die Zeit, verleiht den ersten drei Dimensionen, dem Raum, dieser Welt für unsere Sinne Existenz.
Wie entsteht in der vierten Dimension aus dem Nichts Materie? Einstein belegt mit seiner berühmten Formel $E= m \times c^2$ (Energie ist gleich Masse mal dem Quadrat der Lichtgeschwindigkeit), dass Energie sich in Materie oder Wellenfunktion manifestieren kann.
Nach Meinung des Physikers Campbell (2) kollabiert die Wellenfunktion in dieser Dimension zu Teilchen und damit zur Materie, dadurch, dass Information gemessen wird. Durch gezielte Wahrnehmung wird aus Möglichkeiten und Wahrscheinlichkeiten Realität, wenn auch nur virtuell (scheinbar).

Es folgt in der 5. und 6. Dimension der Organisatorische Raum, die Organisatorische Ebene, ein Logistikzentrum, welches die Aufgabe hat, Ereignisse, Verhalten und Strukturen in der Zeit zu verwirklichen. Die 7. und 8. Dimension, der informatorische Raum, die informatorische Ebene, stellt eine allgemeine Datenbank dar (das morphogenetische Feld, die Akasha-Chronik), die Daten für unsere vierdimensionale Welt speichert und verfügbar macht. Diese Räume entsprechen eher ordnenden und koordinierenden Feldern als Räumen.
Die 9. bis 12. Dimension steht für das kollektive Bewusstsein, den Geistraum, den Gott-Raum, der unser Schicksal und das Schicksal der Welt lenkt.
Zum besseren Verständnis ein Beispiel aus der sogenannten realen Welt. Stellen Sie sich einen Zeitungsverlag vor. In der Chefetage (9. bis 12 Stock) sitzen der Herausgeber, der Verleger und der Chefredakteur. Der Herausgeber und der Verleger bestimmen die publizistische Leitlinie. Der Chefredakteur setzt diese Leitlinie um, er realisiert sie. Er benötigt dafür Daten, die er aus der Datenabteilung (7. und 8. Stock) bezieht. Die Mitarbeiter dieser informatorischen Abteilung, die Redakteure, arbeiten die Daten auf und stellen sie der organisatorischen Abteilung (5. und 6. Stock), die die fertigen Artikel setzt, druckt und vertreibt, zur Verfügung. Beim Zeitschriftenhändler angekommen, sind die Informationen existent und realisiert und damit für den normalen Bürger erhältlich. Unklar ist jedoch, ob diese Informationen der Wahrheit entsprechen, wie stark sie gefiltert sind und was die Chefetage damit erreichen will.
Als normaler Bürger haben wir keinen Einfluss auf die Themen, die von der Chefetage ausgewählt werden, der gesamte Leserstamm der Zeitschrift (das kollektive Bewusstsein) jedoch schon.

Fazit: Wir leben in einer mehrdimensionalen Welt. Bewusst sind uns allein Raum und Zeit, also die vierdimensionale Welt.

Die höheren Dimensionen

Unser Unterbewusstsein befindet sich in vollem Gegensatz zu unserem offensichtlichen aber virtuellen Bewusstsein im Zustand der echten (primären) Realität. Es spiegelt unsere Seele. Es wird gefüttert von der organisatorischen und der informatorischen Ebene. So entsteht, falls gewünscht, Ordnung und Sinn. Es ist sozusagen das Betriebssystem der virtuellen Realität, also unseres „Lebensfilms".

Von der Organisationsebene aus wird die Reise über den Tod und die Angst hinaus begonnen. Die Suche nach der Zukunft verblasst. Hier verlasse ich die Zeit. Das Prinzip von Ursache und Wirkung löst sich auf. Es bleibt nur das Jetzt. Die Lokalität des Körpers ist in die Freiheit des Feldzustandes der Seele übergegangen.

Auf der Informationsebene geht es nicht mehr um die Person. Hier liegen die Schlüssel von Sinn und Bedeutung des Lebens, dem Dienen für die Allgemeinheit und vor allem, die Meisterschaft über die Zeit. Der Zugang zu den Weisheitslehren wird gewährt (21).

David Bohm (1) entwickelte das Modell des „Aktiven Informationsfeldes".

Dieses aktive oder übergeordnete Informationsfeld (oder Informationsraum oder Informationsebene) ist das Herzstück seiner Theorie. Für Bohm ist das gesamte Universum in allem und jedem im Ganzen enthalten. Er vergleicht es mit einem Hologramm, in dem in jedem Einzelteil zugleich auch alle Aspekte des Ganzen eingefaltet sind. Diese eingeschlossene Ordnung enthält ein Kontinuum ordnender Prinzipien. Das Informationsfeld organisiert zusammen mit dem organisatorischen Feld untergeordnete Ebenen und gliedert sie in einzelne Strukturen auf.

In seinem Ansatz zur Quantentheorie betrachtet Bohm ein Elektron als eine untrennbare Einheit aus Teilchen und Feld, im Gegensatz zu der eher konventionellen Auffassung, dass es entweder eine Welle oder ein Teilchen ist, aber niemals beides gleichzeitig. Das Feld kann nach Bohm als aktiver Informationsträger betrachtet werden.

„Anders ausgedrückt: alle Dinge, alle Lebewesen, alle Individuen, die wir in unserer physischen Welt sinnlich wahrnehmen, sind solche Realisierungen, Manifestationen oder Entfaltungen, die aus der primären Realität, der impliziten Ordnung, entstehen und schließlich auch dorthin zurückkehren. Es sind Projektionen. Und während sie in der physischen Welt in Erscheinung treten, wird ihre relativ stabile und scheinbar unabhängige Form von konstanten Entfaltungsprozessen aufrechterhalten, durch die die Erscheinungen am Ganzen teilhaben. Demnach ist jeder Mensch, jedes Tier, jedes Individuum, jeder Gegenstand eine Manifestation einer tieferen Energie, einer tieferen Ordnung, einer tieferen Wirklichkeit, die nicht manifest ist" (Bohm in 14).

Fazit: Unsere Welt ist nicht real. Sie ist eine Projektion unseres höheren Selbst, wahrscheinlich eine Projektion unserer Seele.

„Wir sterben nicht«, flüsterte sie in Ravics Armen. »Nein. Nicht wir. Nur die Zeit. Die verdammte Zeit. Sie stirbt immer. Wir leben. Wir leben immer...“

Erich Maria Remarque,
in seinem Roman Arc de Triomphe

Zeit

Ich muss gestehen, dass der Versuch, die Zeit in Frage zu stellen, immer Widerspruch erzeugt. In einem Buch (31), das den Sinn des Lebens aus der Sicht Gottes schildert, las ich, dass das Leben dazu dient, die Schöpfung Gottes aus einer bestimmten Perspektive betrachten zu können. Geht man von mehreren oder sogar von vielen Leben aus, so ist es ein Strauß von Perspektiven, der uns die Welt begreifen lässt. Um in Ruhe diese Eindrücke erleben zu können, erhielten wir von Gott das Instrument Zeit. Zeit ist also eine Funktion der Perspektive.
„Sehen Sie“, werden Sie sagen, „es gibt sie also doch die Zeit.“
Ja, in unserer Illusion. Stellen Sie sich vor, Sie gehen ins Kino. Der Film, der heute aus dem Beamer kommt, ist nichts anderes, als ein Datenpaket, das im Computer kreist. Wir schauen uns das Datenpaket an und sind im Film eingeschlossen mit unseren Gefühlen, Emotionen und Gedanken. Doch der Film ist irreal und zeitlos, ein Datenpaket, eine materiefreie Information.
Die Zeit ist nicht existent. Sie stellt, wie gesagt, nur eine Funktion, ein Hilfsmittel der Perspektive dar. Wir leben, was aus Nahtoderlebnissen bekannt ist, in einem Multiversum* gleichzeitig viele Leben, die uns eine Vielzahl von Perspektiven von dem ermöglichen, was sich in der Welt zuträgt, zugetragen hat oder zutragen wird. Über das Verständnis der Perspektiven ist es möglich, das große Ganze zu verstehen.

---

* viele Universen, die parallel und außerhalb unseres Universums existieren

Warnke (22) berichtet in seinem Buch „Quantenphilosophie und Interwelt", dass auf der regierungsnahen Website India Daily in der Rubrik „Technology" folgendes Konzept vorgestellt wurde:
„Es gibt höhere Sphären im Universum, in denen alle bekannten physikalischen Gesetze des materiellen Universums versagen, physische Objekte in mehrere Seinszustände kollabieren, und in solchen Momenten gehören wir mehreren Paralleluniversen an. Sie existieren in uns und sind uns deshalb näher, als wir uns vorstellen können. Während sich der materielle Körper weiter im physischen Universum befindet, kommunizieren wir vom Paralleluniversum aus mit uns selbst. Unser Gehirn wird von dort aus aufgefordert zu arbeiten und unser Leben zu erhalten. Wenn wir sterben, leben wir (in Paralleluniversen) weiter."
In einer 3sat NANO Doku „Die Abschaffung der Zeit" wird das Thema vom Psychologen Marc Wittmann, dem theoretischen Physiker Carlo Rovelli, der Neurowissenschaftlerin Virginie van Wassenhove und dem Arzt und Buddhisten Tilman Borghardt aufgegriffen. Der von mir wegen seinen klaren und unverblümten Aussagen geschätzte Nano-Moderator und studierte Physiker Ingolf Baur leitet durch diesen Film.
Die Aussagen dieser Wissenschaftler:
Aus Sicht der Neurowissenschaft erzeugt das Gehirn selbst die Zeit. In der fundamentalen Physik gibt es keine Zeitvariable. Da gibt es überhaupt keine Zeit.
Die Hirnareale, an erster Stelle die Insula, die für Körperwahrnehmung und die Selbstwahrnehmung zuständig sind, sind auch in der Zeitwahrnehmung aktiv. Zeit-, Körper- und Selbstwahrnehmung bilden ein Ganzes. Durch das Erleben der Körperlichkeit im Hier und Jetzt kommt man zum Gefühl für die Zeit. Die Zeit entsteht durch die Wahrnehmung unserer Körperlichkeit im Hirn. Im Flow, dem Zustand der Nichtwahrnehmung der Zeit, herrscht Zeitlosigkeit, in der der Körper vergessen wird und damit die Zeit. Das Jetzt ist dehnbar, sogar bis zur Zeitlosigkeit. Zeit kann nur existieren durch die Zukunftsprojektion, den sensorischen Input und den Vergangenheitsbezug.

Die Intensität unseres Erlebens bestimmt, wie schnell die Zeit vergeht. Albert Einstein hat beschrieben, dass die Zeit von der Geschwindigkeit abhängt. Wenn eine Uhr schnell unterwegs ist, zum Beispiel in einer Rakete, tickt sie langsamer. Im Kosmos existiert keine individuelle Zeit. Es gibt nur Ereignisse, die miteinander verbunden sind.
Die Zeit ist relativ, jeder hat seine eigene Zeit. Wir sind Teil der Zeit. Wir sind Zeit. Wir sind unsere Erinnerung. Wir sind Physik.
Die Uhrzeit misst nur den Abstand zwischen Ereignissen.
Der Kirchenlehrer Augustinus vertrat die Meinung, die Zeit gäbe es nur im Jetzt. Denn, was wir von der Vergangenheit wüssten, seien ja nur Erinnerungen, die wir jetzt in der Gegenwart haben. Genauso die Zukunft, sie entspricht unseren Erwartungen im Jetzt.
Die Zeit gilt als Schlüssel im Bewusstsein, weil sie sämtliche Vorgänge strukturiert. Zeit ist schwierig zu fassen. Es ist die Fähigkeit, sich als ein Wesen mit Bewusstsein wahrzunehmen, das sich in der Welt orientieren kann. Das Hirn ist eine Zeitmaschine, die dauernd Vorhersagen macht. Es gibt keinen Augenblick, es gibt nur gleitendes Erleben. Das Ich lebt in der Zeit und, wenn man sich ganz losgelassen hat, gibt es keine Vergangenheit und keine Zukunft.

Fazit: Es gibt keine Zeit. Sie ist reine Fiktion.

Wir sind die Marionetten unserer Seele.
Sie setzt das Drehbuch des Lebens in imaginäre Realität um.
Der Tod ermöglicht uns das Einswerden mit der Seele und das Eintauchen in die wahre Realität.

Der Autor

Seele

Der Kirchenvater Origenes (185-254 n.Chr.) wird als Begründer der Kirchenwissenschaft angesehen. Er sagte:
„Die Präexistenz der Seele ist immateriell, deshalb hat sie weder Anfang noch Ende. Die Vorhersagen der Evangelien sind nicht geschrieben worden, um wörtlich interpretiert zu werden. Es gibt einen ständigen Prozess hin zur Vollkommenheit. Alle Geister sind ohne Schuld geschöpft worden und alle müssen zum Schluss zur ursprünglichen Vollkommenheit rückkehren. Die Erziehung der Seelen setzt sich in nachfolgenden Welten fort. Die Seele inkarniert und erfährt den Tod oft. Die Körper sind wie Becher für die Seele: Die Seele muss sie nach und nach, Leben für Leben, auffüllen. Erst der Becher aus Ton, dann der Becher aus Holz, dann aus Glas und zuletzt aus Silber und Gold".
Die Schamanen vertreten, wie Burkhardt Heim in seinem 12 Dimensionen Modell, die Auffassung, dass die vierdimensionale Welt, in der wir leben, irreal ist. Unsere Seelen träumen ihre Realität mit offenen Augen ins Sein und schaffen so als Avatar (Projektion) in virtueller Realität ihre eigene Wirklichkeit. So gesehen gibt es zwei Arten von Menschenseelen, die einen, die aktiven, die träumen und die passiven, die geträumt werden. (21)
Die Seele platzieren die Schamanen ins achte Chakra. Es befindet sich unmittelbar über dem Kopf. Für uns ist dieses Chakra, ein Datenspeicher im weitesten Sinne, der sich unmittelbar über dem Kopf befindet. Es ist das Behältnis für die Seele im Zustand der Zeitlosigkeit und der Unendlichkeit. Es ist ein Speicherplatz für das bisher in anderen

Leben Erreichte oder Versäumte. Es beinhaltet in diesem Zustand die Informationen aller 7 Chakren. Bei der Geburt eines Kindes werden diese Daten aus dem achten Chakra wieder in dessen sieben Chakren heruntergeladen.
Unser Körper ist in den Augen der Schamanen von einem, wahrscheinlich durch die Chakren gebildeten, Lichtfeld, der Aura, umgeben, in dem die Abdrücke von Traumatisierungen als Verschattungen zu lesen sind.
Alexander Lowen (11), ein amerikanischer Psychiater und Schüler von Wilhelm Reich, stellte in seinen Untersuchungen fest, dass Traumatisierungen und ungelöste Konflikte, sich als segmentale Verspannungen im Körper und auf der Körperoberfläche manifestieren. Dabei kann es sich um selbst erfahrene Verletzungen oder um von den Vorfahren epigenetisch erworbene Traumatisierungen handeln. Diese negativen Erfahrungen können fünf bis sechs Generationen (oder mehr) zurückliegen.
Das vorbestimmte Drehbuch für das jetzige Leben ist im 8. Chakra deponiert. Es entspricht dem silbernen Buch der Schamanen. Man könnte vermuten, dass hier das Karma* sein Zuhause hat. Das, was wir in diesem Leben daraus machen, wird hier aufgezeichnet. Es wird das goldene Buch genannt.

Fazit: Die Seele ist unser wahres, immaterielles Selbst, welches uns durch die virtuellen Leben leitet.

---

* unausweichliches Schicksal, das entsprechend den guten oder bösen Taten eines Menschen zur Wiedergeburt in einem höheren oder niedrigeren Dasein führt

Das Leben ist kein Problem, das es zu lösen, sondern eine Wirklichkeit, die es zu erfahren gilt.

Buddha

Leben

Die „Funktion Leben", der „Zustand Leben", der „Vorgang Leben" gehört zu den Kapiteln, bei denen Wissenschaftler mit einer Erklärung noch im Dunkeln tappen. Wikipedia äußert sich über lebende Systeme:
„Sie sind von ihrer Umwelt abgegrenzte Stoffsysteme, haben Stoff- und Energiewechsel und sind damit in Wechselwirkung mit ihrer Umwelt, organisieren und regulieren sich selbst (Homöostase), pflanzen sich fort und sind damit auch zu Wachstum und Differenzierung fähig ".
„Weiterhin schaffen diese Systeme Ordnung, treten in Interaktion mit dem Umfeld. Leben ist gerichtet, hat ein Interesse, ist mehr als seine Bestandteile, ist evolutionsfähig und sterblich (20)".
Unbestritten ist die Zelle die kleinste Einheit des Lebens. Unbestritten ist auch, dass bei Chromosomen-Aktivität Photonen aus dem Kern abgegeben werden (17). Diese Photonen-Abstrahlung wird in der Industrie zur Bestimmung der „Lebendigkeit" eines Nahrungsmittels genutzt. Diese Photonen haben ihren Ursprung in einem nicht lokalisierten kohärenten elektromagnetischen Feld eines lebenden Biosystems ausgehend im Wesentlichen von der DNA (3).
Alles Leben kommt aus einer Zelle. Der Kern der Zelle enthält Chromosomen, die Träger der Information. Soweit die Aussage der Biologen.
Paul Nurse (15), Biologe und Nobelpreisträger, behauptet, dass das Leben nur ein einziges Mal begonnen hat. Mit einer einzigen Zelle. „Wenn verschiedene Lebensformen mehrfach unabhängig voneinander entstanden wären und überlebt hätten, wäre es extrem unwahrscheinlich, dass in ihren Nachfahren alle fundamentalen Prozesse auf ähnliche Weise ablaufen". Ich persönlich halte diese

Aussage für äußerst unwahrscheinlich. Auch halte ich es für unwahrscheinlich, dass das ganze Datenmaterial, das zum Bau eines Lebewesens und zur Aufrechterhaltung dieses Lebens notwendig ist, auf Chromosomen als DNA-Code abgespeichert ist. Wahrscheinlicher ist, dass die Zelle über die DNA mit dem „Informationsfeld" in Resonanz geht und dadurch „Lebens"-Informationen aufnimmt und gleichzeitig ein Feedback abgibt.

Die Steuerung erfolgt also von außen. Dafür spricht, dass Magnetfelder als Störsender agieren, dadurch dass sie, wie zum Beispiel bei Drosophila-Larven, Fehlbildungen auslösen, d.h. die körperliche regelgerechte Entwicklung durchbrechen (30).

Bruce Lipton (10) machte mit Stammzellen* einen sehr interessanten Versuch. Er pflanzte Stammzellen aus derselben Kultur in drei Petrischalen mit verschiedenen Nährlösungen. Je nach Zusammensetzung der Nährlösung entwickelten sie Fett-, Muskel- oder Knochengewebe. Petra Schwille (20) baute nach dem Vorbild von Coli-Bakterien aus bestimmten Proteinen und Membranstrukturen zellähnliche Gebilde und aktivierte die Proteinpulsation in diesen „Zellen" mit der Zugabe von ATP (20). (Adenosintriphosphat, kurz ATP, ist ein chemisches Molekül, das in jeder Zelle eines Lebewesens Energie bereitstellt und vom Körper selbst hergestellt wird). Damit kam sie dem Phänomen Leben schon ein großes Stück näher.

Thomas Carell (23), Professor für organische Chemie in München, baute mit einer relativ einfachen Versuchsanordnung, die die Anfänge der Entstehung unserer Erde simulierte (Regen, Trockenheit, Blitze) die vier in unserer DNA enthaltenen Basen aus den damals auf der Erde vorhandenen Stoffen nach.

Nur der Zelle die Fähigkeit der Autonomie einzuhauchen, davon ist man noch Meilen entfernt.

---

* Als Stammzellen bezeichnet man Zellen, die keine Differenzierung aufweisen und damit noch nicht auf ihre Funktion im späteren Organismus festgelegt sind. Aus Stammzellen können durch Teilung weitere Stammzellen und durch Differenzierung spezialisierte Zellen hervorgehen.

Um Information in Struktur umzusetzen, ist Energie notwendig. Wir nennen sie Lebensenergie, die Inder Prana, die Chinesen Qi. Dass eine solche Energie existieren muss, darüber sind sich alle einig, nur über die Einzelheiten streiten sich die Gelehrten. Schauen wir uns die einzelnen Lehren und ihre Gemeinsamkeiten einmal an.
Es ist ein paar Jahre her, dass mir in einer kleinen, deutsch-chinesischen Klinik in Oberhessen ein Plasma-Strahler vorgestellt wurde. Es handelte sich dabei um ein Gerät, welches mit einem Spannungsaufbau von 150 kV kaltes Plasma erzeugt. Plasma stellt neben Fest, Flüssig und Gasförmig den vierten Aggregationszustand dar, nämlich elektrisch leitendes Gas aus ionisierten Molekülen und Elektronen mit niedriger Energie. Physiker nutzen es für Raumfahrtantriebe, Lampen oder Fernseher. In der Landwirtschaft führt die Bestrahlung mit kaltem Plasma von Saatgut zum beschleunigten Wachstum der Nutzpflanzen, die dadurch höhere und schadstofffreie Erträge liefern. In der Medizin werden mit Plasma Wunden und Hautkrankheiten geheilt, Viren, Bakterien, einschließlich multiresistenter Keime und Pilze, abgetötet. Entzündungen, Verrenkungen und Knochenbrüche heilen im Schnitt um ein Drittel schneller. Krebszellen werden oberflächlich eliminiert.
Um kaltes Plasma zu erzeugen, muss man Energie zuführen. Trifft diese Energie zum Beispiel in Form von elektromagnetischer Strahlung auf Gas-Atome oder -moleküle, lösen sich Elektronen aus dem atomaren Verbund heraus. Das aktive Gemisch besteht dann aus geladenen Teilchen, UV-Strahlung, Radikalen, elektrischen Feldern und – meist – hoher Temperatur. Wenn das Gas jedoch nur so viel Energie bekommt, dass sich die Elektronen lösen, das ionisierte Atom oder Molekül aber nicht mitschwingt, entsteht „kaltes Plasma". Dabei spielen die Elektronen die Hauptrolle. Die Zellen werden über das Plasma mit Elektronen aufgeladen. Eine einigermaßen gesunde Zelle eines Erwachsenen hat eine Zellspannung von -25 mV. Damit kann sie gerade Ihre Funktion erfüllen. Sie kann sich aber nicht teilen. Dazu benötigt sie mindestens -50 mV. Wird die Zelle krank: Verletzung, Infektion, Krebs fällt die Zellspannung bis auf +30mV ab. Das entspricht einem Zell-pH – Wert von 6.5, ein Milieu, in dem sich Krebs wohlfühlt und sein Claim bereits absteckt und wächst.

Doch kommen wir zum Gerät des Plasmastrahlers zurück. Das Gerät faszinierte mich und ich unterzog mich einer Behandlung. Die zu behandelnden Stellen wurden mit Zellstoff abgedeckt. Ich war von der eigenartigen Wirkung fasziniert. Ich spürte ein leichtes, nicht schmerzhaftes Stechen in der Haut. Im Zellstoff funkelten viele kleine blaue Lichtpunkte und ich fühlte einen leichten Wind, der im Zellstoff rauschte. Als die Strahlung über meinen Kopf ging, bildete ich mir ein, dass aus meinem Kopf riesige Ohren wüchsen, die ich nicht abschütteln konnte.
Ich war so begeistert, dass ich für meine Patienten und mich den Plasmastrahler in den Niederlanden bestellte. Bei der Behandlung meiner Patienten mit diesem Gerät fiel mir auf, dass über bestimmten Arealen des Körpers ein deutlicher „Energiesog" mit lautem Rauschen stattfand. Diese Stellen korrespondierten mit den Chakren der Indischen Medizin. Chakren bewertete ich bis zu diesem Zeitpunkt als fiktive Konstrukte, die zur Erklärung ebenso fiktiver Energieaufnahme- und Abgabemechanismen ersonnen wurden.
Ich recherchierte und stellte fest, dass das Chakrenwissen nicht nur in Indien oder Tibet bekannt war, sondern dass auch von Indien weit entfernte Kulturen wie die Mayas, Inkas, Zulus, Hopis und Cherokees mit identischen Strukturen arbeiteten und heilten. Doch schauen wir nach Indien.
Der Ayurveda, wörtlich die Lebensweisheit, gilt als die traditionelle indische Heilkunst. Er ist aus einer Kombination von Erfahrungsheilkunde und Weisheitslehre entstanden. Die Basis des Ayurveda bilden die für menschliche Gesundheit wichtigen körperlichen, geistigen, emotionalen und spirituellen Aspekte.
Neben dem Ayurveda existieren in Indien noch weitere traditionelle Lehren und Philosophien. Obwohl die Lehren denselben Ursprung und sich in unterschiedliche Richtungen entwickelt haben, findet fortwährend eine gegenseitige Beeinflussung und ein Wissensaustausch statt.
Das Wissen des Ayurveda gründet im Yoga und Tantra. Yoga selbst ist über 5000 Jahre alt. Beim Yoga geht man davon aus, dass die Lebensenergie des Körpers, das Prana, in sogenannten Chakren konzentriert

ist, in Energiekanälen, den Nadis, aufgenommen und weitergeleitet wird und über bestimmte Körperareale, die Marmas, Zugang vom energetischen Körper in den physischen Körper findet.
Wörtlich übersetzt bedeutet Chakra Kreis oder Rad. Treffendere Bezeichnungen sind Strudel oder Wirbel, da die Zentren der Chakren sich wie Strudel trichterförmig öffnen und Energie in sich hineinziehen (!) oder abgeben. Die Chakren werden in der indischen Literatur als Blütenblätter des Lotos dargestellt. Damit wird zum einen die Trichterform des Strudels ausgedrückt, zum andern gibt die Anzahl der Blütenblätter die Zahl der feinstofflichen Kanäle an, die mit dem betreffenden Chakra verbunden sind.
Wie die verstärkte Aufnahme von Elektronenstrahlung aus kaltem Plasma belegt, nehmen die Chakren zugeordneten Areale verstärkt (Lebens-) Energie auf und versorgen so die dem Chakrensystem zugehörigen Haut-, Muskel-, Knochen- und Organbereiche mit notwendiger Energie. Wenn man davon ausgeht, dass die mitochondriale, nahrungsabhängige Versorgung des Körpers mit Energie nur 20 Prozent der zur Aufrechterhaltung der Körperfunktionen notwendigen Energiezufuhr ausmacht (10), muss noch ein bisher unbekannter Modus der Energieaufnahme existieren.

Fazit: Zum Leben ist Lebensenergie und geregelte Lebensinformation zwingend notwendig. Diese beiden relevanten Faktoren erhalten uns am Leben. Lebensenergie und Lebensinformation sind immateriell. Sie werden uns vom Feld eingespeist. Man kann sie nicht fassen, man kann sie nicht definieren. Könnten diese beiden vielleicht die einzigen Komponenten, der Projektor, unseres Lebensfilms sein?

Man nimmt an, dass mit dem Gehirn auch der Geist stirbt. Der Glaube sitzt so tief, dass Wissenschaftler nicht verstehen, dass dies nur eine Annahme ist. Und es gibt keinen Grund dafür, dass Teile des Geistes den Hirntod nicht überleben sollten.

Prof. Ian Stevenson, Psychiater

Reinkarnation

Es war das Jahr 1984, zwei Jahre vor dem Reaktorunfall in Tschernobyl. Die atomare Bedrohung Deutschlands nahm in meinen Augen zu. Deutschland hatte Angst. Als Vater von 4 Kindern suchte ich nach Lösungen. Australien und Neuseeland boten sich an. Da gab es aber Schwachstellen. Mein englisches Sprachverständnis ließ sehr zu wünschen übrig und ich beschloss einen Crash-Kurs in England zu machen. Inlingua bot mir einen Kurs in Birmingham an. Ich machte mich auf den Weg und landete vor einem kleinen Haus in einem abgelegenen Winkel dieser Stadt und der Leiter dieser Dependance öffnete mir die Tür. Er teilte mir mit, dass die Gruppe gerade beim Essen wäre. Ich solle mich einfach dazusetzen. Die „Schüler" bestanden aus einem bunten Haufen verschiedener Nationen. Man sprach English und man durfte nur English sprechen. Ein Ehepaar kam mir bekannt vor. Ich hatte die beiden in meiner Studentenzeit in Marburg gesehen. Mir wurde langsam klar, dass es sich um den damaligen Oberbürgermeister von Frankfurt handelte, der hier den Besuch in Frankfurts Partnerstadt Birmingham mit einem Sprachkurs verknüpfte. In der darauffolgenden Woche kamen wir mehrmals ins Gespräch und es entwickelte sich der Hauch einer Verbundenheit. Sein Vater war Realschullehrer für Deutsch, Geschichte und evangelische Religion und er und sein jüngerer Bruder wurden nach streng christlichen Prinzipien erzogen.

Er vertrat die Auffassung seines Vaters, dass es wenig Sinn macht wegzulaufen, weil die eigentliche Problematik erst nach dem Tod beginnt. Diese Aussage schloss unweigerlich ein, dass er der Überzeugung war, dass wir weiterexistieren und in irgendeiner Form weiterhin zur Verantwortung gezogen werden und nicht erst am Tag des Jüngsten Gerichtes zum Ewigen Leben erweckt werden.
Ein Verständnis des Begriffes Wiedergeburt im Sinne einer Reinkarnation wird von einem Großteil der christlichen Theologen und von der kirchlichen Lehre aller großen Kirchen abgelehnt. In Markus 8,27f fragte Jesus seine Jünger: „Wer, sagen die Leute, dass ich sei? Sie antworteten ihm: Einige sagen, du seist Johannes der Täufer; einige sagen, du seist Elia; andere, du seist einer der Propheten.“ (Markus 8, 27f) All diese religiösen Gestalten waren aber zu diesem Zeitpunkt schon tot. Ist das ein Zeichen dafür, dass der Reinkarnationsglaube in der Bibel verbreitet ist?
Eine Synode kurz vor dem zweiten Konzil von Konstantinopel (553 n. Chr.) verurteilte die von Origenes vertretene Lehre der Präexistenz der Seele vor der Empfängnis. Die Lehre, dass die Seele immer wieder neu inkarniert, wurde damit für immer aus der Kirche gestrichen und die Reinkarnationslehre, zusammen mit anderen Ideen in Bezug auf die „Präexistenz der Seele“, für ein exkommunikations- und verdammungswürdiges Verbrechen gehalten.
Ab diesem Konzil, von einem Monarchen einberufen und nicht von einem Geistlichen geleitet, verbannte das offizielle Christentum den Glauben an die Reinkarnation. Warum bemüht sich die Kirche so sehr darum, die Reinkarnation zu diskreditieren?
Die psychologische Wirkung der Reinkarnation könnte die beste Erklärung dafür sein. Eine Person, die an die Reinkarnation glaubt, übernimmt die Verantwortung für die eigene spirituelle Evolution durch die Wiedergeburt. Er oder sie braucht keinen Priester, weder Beichte noch Riten. Das sind alles Ideen, die sicherlich nicht zu den Lehren Jesu Christi gehören. Die Person muss einfach Verantwortung übernehmen, sowohl für die Taten gegen sich selbst als auch gegen andere. Der Glaube an die Reinkarnation nimmt die Furcht vor der ewigen Hölle, die die Kirche nutzt, um ihre Herde zu disziplinieren. (32)

Jim B. Tucker (24) ist Kinderpsychiater und Professor für Psychiatrie und Neurowissenschaften an der University of Virginia. Er beschäftig sich mit der Dokumentation von Geschichten von Kindern, die behaupten, dass sie sich an frühere Leben erinnern. Er übernahm die Arbeit von Ian Pretyman Stevenson (25), der das sich mit Reinkarnationsforschung befassende Institut ebenfalls an der Universität von Virginia 1957 gründete.
In einer faszinierenden von Netflix produzierten Dokumentation „Jenseits des Todes" von Lesli Kean belegt Jim Tucker am Beispiel dreier Kinder, Ryan, Alex und James, die Realität der Reinkarnation. Unter anderem machte Alex, der glaubte, die Reinkarnation eines amerikanischen Schauspielers der 30er Jahre zu sein, in dieser Dokumentation 200 verschiedene Aussagen zu seinem vorausgegangenen Leben. Diese wurden, soweit es möglich war, von der Tochter des Schauspielers bestätigt.

Fazit: Alles spricht dafür, dass Reinkarnation existiert und die Seele des Verstorbenen sich zum Zeitpunkt der Geburt mit dem Neugeborenen verbindet.

Was ist Bewusstsein? Nur ein Produkt unseres Gehirns oder wirkt es außerhalb des Gehirns und dieses wirkt nur als Filter, so wie es William James schon Ende des 19. Jahrhunderts postuliert hat und nach ihm auch viele andere? Doch die heutige Wissenschaft geht einfach davon aus, dass Bewusstsein nur eine Gehirnfunktion sei. Meines Erachtens ist diese Sichtweise allzu beschränkt. Ich glaube keine Minute daran.

Dr. Peter Fenwick 2019

Bewusstsein

Dann gehört zum Leben noch die Eigenschaft „Bewusstsein". Menschliches Leben heißt „bewusst sein". Ich bin mir meines Seins bewusst. Ich bin mir meines Selbst bewusst. Die Gretchenfrage aber ist: überdauert dieses Bewusstsein unseren Tod? Die Fähigkeit Leben zu überleben, das heißt nach dem Tod noch in irgendeiner Form weiter zu existieren, schließt der Großteil der Wissenschaftler aus.
Trotzdem möchte ich den möglichen Aspekten einmal nachgehen. Ist Bewusstsein an das Leben gebunden oder ist es eine Funktion, die mit dem Tod erlischt? Welchen Lebewesen gesteht man ein Bewusstsein zu? Und steht der Begriff Unterbewusstsein für Seele?
Oh, Entschuldigung. Ich habe gerade das Wort Seele genannt. In einer wissenschaftlichen Abhandlung ist das S-Wort obsolet. So etwas kann es nicht geben. Sie ist nicht wissenschaftlich erfasst, nicht nachweisbar, hält keinen Studien stand und ist deshalb in einer wissenschaftlichen Beweisführung vollkommen inakzeptabel. Manche Wissenschaftler glauben natürlich schon an die Seele, aber sie als Konstante in ihren Berechnungen, Überlegungen, Erörterungen miteinzubeziehen, nein, das geht nicht. Man würde sich vor den Kollegen lächerlich machen, obwohl die ja vielleicht genauso denken. Schauen wir uns die Fachgruppen an.

Noch vor kurzer Zeit hat die Wissenschaft Tieren ein Bewusstsein abgesprochen. Heute überlegt man, welche Tiere kein Bewusstsein haben. Denken Sie an Tauben, die sich bis zu 700 Bilder merken und differenziert mit diesen Bildern arbeiten können. Oder Raben, die sich beigebracht haben, bei grüner Fußgängerampel Nüsse auf die Fahrbahn zu legen, um diese von darüberfahrenden Autos knacken zu lassen.

Selbst Pflanzen scheinen ein Bewusstsein zu haben. Zum Beispiel die Mimose, die nach im Labor erzeugten Traumatisierungen, ähnlich der Konditionierung von Pawlows Hund, auf Lichtreize reagiert.

Theoretische Physiker, wie der bekannte Michio Kaku (9), vertreten die Meinung, Bewusstsein sei ein Produkt des neuronalen Netzwerks, also hauptsächlich des Gehirns. In gar keinem Fall existiert Bewusstsein nach dem Tod weiter.

Die Biologen, wie der Nobelpreisträger Paul Nurse, halten eine weitere Existenz zwar auch für unwahrscheinlich, lassen sich aber noch kleine Hintertürchen offen.

Mediziner, wie die Neurologen und Psychiater Eben Alexander und Peter Fenwick, wissen aufgrund ihrer Erfahrungen und Studien, dass es nach dem Tod weiter geht. Aber Mediziner sind keine Wissenschaftler und deshalb äußerst unglaubwürdig. Schauen wir uns ein paar Argumente genauer an.

Der Physiker Erwin Schrödinger behauptete, Bewusstsein sei grundlegend. Schrödinger war der Meinung, dass sich alles nur in unserem Bewusstsein abspielt und dass die Welt da draußen nur Schein sei, sie existiere in Wirklichkeit gar nicht. Es sei daher auch falsch zu behaupten, die Welt spiegele sich im Bewusstsein wider. Die Welt ist nur einmal gegeben. Urbild und Spiegelbild sind eins. Die in Raum und Zeit ausgedehnte Welt existiert nur in unserer Vorstellung (19).

„Bewusstsein existiert in einer größeren Welt ohne zeitliche oder räumliche Grenzen. Es berührt sowohl die Vergangenheit als auch die Zukunft und kann sich mit dem gleichsam unbegrenzten Bewusstsein anderer Menschen wieder in Verbindung bringen und austauschen. Wir können sehen, wie und warum ein globales Bewusstsein existiert und wir sehen ebenso, dass unser Tod nicht das Ende zu sein scheint.“ (14)

„Es besteht eine Verbindung zwischen uns Menschen. Wir sind alle miteinander verbunden. Menschen können durch die reine Kraft ihrer Gedanken Materie beeinflussen. Unser Bewusstsein ist mehr als nur ein Teil unseres Körpers. Es ist nicht an das Gehirn gebunden, sondern scheint Teil von etwas Größerem zu sein. Unser Bewusstsein wirkt in die Welt hinein über unglaubliche Distanzen“ (14).
„Der Körper kann nicht von sich aus krank werden. Er ist nur die Projektionsfläche des Bewusstseins. Er ist wie eine Leinwand, die von sich aus keine Bilder entstehen lassen kann... Deshalb hat es auch keinen Sinn Löcher, in die Leinwand zu schneiden, wenn einem der Film nicht gefällt (medizinische Operationen) oder die Leinwand immer weiß zu streichen (symptomatische Behandlung) .... Was wir üblicherweise als Krankheit bezeichnen, ist... nicht die eigentliche Krankheit, sondern nur ihr Symptom, ihr körperlicher Ausdruck. Krankheit selbst ist vielmehr eine Disharmonie im Bewusstsein des Menschen, ein Zeichen für das Herausfallen des Menschen aus seiner natürlichen Ordnung - eine Störung des ganzen Menschen und nicht nur seines Körpers.“ (Tepperwein in seinem Buch „Was deine Krankheit dir sagen will“)
Wenn wir alle, das Universum mit allen Gebilden und Lebewesen aus dem Urknall hervorgegangen sind, dann ist alles, was hieraus entsprungen ist, miteinander verschränkt und miteinander verbunden. Daraus schließe ich, dass jeder Stein, jede Pflanze, jedes Tier ein Bewusstsein haben muss.
Max Planck (16) erklärt das so: „Es gibt keine Materie, nur einen hinter allem wirkenden intelligenten Geist“, denn die nichtexistierende Materie ist reines Bewusstsein“.
Doch wie entsteht Bewusstsein? Cogito ergo sum - ich denke also bin ich, ist der bekannteste Ausspruch von Renè Decartes. Die Erkenntnis, dass man existieren muss, um denken zu können, ist der erste Schritt sich bewusst zu werden. Man kann noch einen Schritt weitergehen. Ich sehe, höre, rieche, schmecke, fühle, also bin ich. Ich werde gesehen, gehört, gerochen, geschmeckt, gefühlt, also bin ich. Mein Bewusstsein baut sich aus diesen Eindrücken auf. Wir sind, was wir wahrnehmen.

Besondere Menschen sind Synästhetiker. Sie können Töne fühlen, Farben riechen oder Wörter schmecken. Es handelt sich dabei nicht um einen krankhaften Prozess, sondern die betreffenden Hirnareale sind stärker verschaltet und interferieren. Ihr Bewusstsein ist also ein völlig anderes als das der Nicht- Synästhetiker.
Gut, werden Sie sagen, das ist logisch, beantwortet mir aber meine Frage nicht. Also ein weiteres Beispiel, welches zunächst vielleicht etwas befremdlich wirkt. Folgende Modellvorstellung:
Mein Bewusstsein entspricht dem Betriebssystem einer modernen TV-Radioapparat-Kombination mit automatischem Sendersuchlauf und Aufnahmefunktion. Es gibt eine Unmenge von Programmen und für mich schon vorsortierten Möglichkeiten, zwischen denen ich wählen kann. Aus diesem Wust von Informationen baue ich mir eine für mich real erscheinende Außenwelt und Innenwelt (Ich-Struktur) zusammen. Das schafft die Illusion von Raum und Zeit.
Tiere und Pflanzen wählen sich auf der Basis der Leistungsfähigkeit ihrer Sinnesorgane in andere Frequenzen ein. Der Hund lebt in seiner Welt der Gerüche, der blinde Maulwurf in der Welt der Laute, der Adler in der Welt der „Augenblicke". Jeder in seiner eigenen unvergleichbaren Welt.
Machen wir noch einen kurzen Ausflug ins Quantenfeld:
Die Geist-Materie-Theorie, die Bohm 1990 vorstellte, besagt, dass Informationen auf der mentalen Ebene über eine Reihe von Ebenen die Quantenpartikel des Gehirns erreichen und von dort aus die Bewegung des Körpers beeinflussen können. In der umgekehrten Richtung wird angenommen, dass die Wahrnehmung auf der Quantenebene beginnt und sich nach oben arbeitet. Wenn sich Bohms Schema bewahrheitet, würde dies bedeuten, dass die bestehende moderne Physik es zulässt, dass mentale Zustände ursächlich wirksam sind. Dies ist das Gegenteil des modernen Denkens in der Bewusstseinsforschung, wo die Vorstellung, dass das Bewusstsein nicht ursächlich wirksam sein kann, durch einen Verweis auf die Physik bestätigt wird. (Pylkkänen 29)

Fazit: Jeder lebt in einer aus sich selbst heraus erschaffenen Illusion.

Medialität

Medialität ist die Fähigkeit die Dinge über die eigenen Sinne verstärkt wahrzunehmen, die über die Wahrnehmung eines Durchschnittsmenschen hinausgehen. Etwas direkter gesagt, es ist die Fähigkeit z.B. mit verstorbenen Personen im Jenseits Verbindungen aufzunehmen. Es handelt sich bei diesen Menschen oft um hochsensitive Wesen, die häufig einschneidende Traumatisierungen oder Nahtoderfahrungen in ihrer Vergangenheit aufweisen. Sie besitzen diese Fähigkeit, wie Autisten oder Savants ihre Inselbegabung.
Natürlich gibt es in dieser Gruppierung auch schwarze Schafe, die nur so tun als ob und die Menschen hinters Licht führen, aber es gibt auch die andern, die richtigen, die echten, die die Menschen ins Licht führen.
Sie werden sagen, das kann nicht sein, das ist nicht normal. Aber was ist normal?
Mein Sohn war gerade 7 Jahre alt, als ich nach einer Veranstaltung im Liegewagen mit ihm von Berlin nach Frankfurt zurückfuhr. Endstation des Liegewagens war Basel. Und so ergab es sich, dass überwiegend Schweizer den Waggon besiedelten. Mein Sohn hörte sich das Schwyzerdütsch einige Zeit an und posaunte dann laut in den Wagen „Sind wir die einzigen Normalen hier?“ Die Antwort kam sofort. „Vorsicht mein Junge, die Mehrheit ist normal und deshalb Du nicht.“
Wenn jemand sich anders verhält als wir und im wahrsten Sinn des Wortes unglaubliche Fähigkeiten hat, neigen wir dazu, diese Person ins Lächerliche zu ziehen.

Fazit: Medialität ist wissenschaftlich nicht bewiesen. Das ist verständlich, da wir mit einer höheren Dimension korrespondieren oder genauer gesagt, diese mit uns. Das nachzuvollziehen, dafür fehlt der heutigen Wissenschaft noch das Werkzeug. Aber genauso wenig ist es der Wissenschaft heute möglich nachzuweisen, dass Medialität nicht existiert.

„Wenn ich meine Dämonen loswürde, würde ich meine Engel verlieren".

Tennessee Williams

Mitbewohner

Der siebenjährige Sohn eines mit uns eng befreundeten Ehepaares verhielt sich auffällig. Immer wenn ihm etwas nicht passte, begann er schrill zu schreien, die Treppe hoch zu rennen und mit lautem Wumms die Tür seines Kinderzimmers zuzuschlagen.

Zu dieser Zeit besuchte mich Ilse in meiner Praxis. Sie war wissenschaftliche Mitarbeiterin im Max-Planck-Institut zur Erforschung der Lebensbedingungen der wissenschaftlich-technischen Welt in Starnberg. In ihrer Freizeit fuhr sie nach Südamerika, wo sie die arme Bevölkerung mit, sie nannte es „Geistheilung", unterstützte.

Ich erzählte ihr von dem kleinen Jungen und sie lächelte mich an. „Ich werde mal nachschauen, was dahintersteckt".

Sie teilte mir daraufhin mit, dass sie mit einem Medium namens Rosa zusammenarbeite, welches „Zusammenhänge" klärte.

Das Medium versetzte sich daraufhin in den kleinen Jungen und fand dort ein weibliches Wesen, welches den Geist des Jungen besetzte und nun durch Rosa sprach.

Eine Woche später teilten mir die Eltern des Jungen mit, dass er sich wieder völlig normal verhalte und seine Tobsuchtsanfälle verschwunden wären.

Was war passiert? Ilse besuchte mich kurz danach. Sie spielte mir ein Tonband vor, welches den Inhalt der Sitzung widerspiegelte. Man hörte eine in meinen Ohren mehr als gruselige Auseinandersetzung zwischen Ilse und dem Wesen, das sich mit verzerrter Stimme über Rosa äußerte. Es stellte sich heraus, dass in einem früheren Leben der kleine Junge Gefängniswärter war und während dieser Zeit die Frau quälte, die sich nun auf ihre Art wehrte.

Ilse überzeugte das Wesen, dass es ja tot sei und den armen, kleinen Jungen endlich verlassen solle. Sie solle das Licht aufsuchen und dann ins Licht gehen. Damit endete die Sitzung.
Vier Jahre später besuchte mich Ilse erneut und fragte nach dem Jungen. „Alles in Ordnung, der Junge ist stabil", sagte ich. „Na, ich schaue trotzdem einmal nach".
Es vergingen wieder zwei Jahre bis ich Ilse wiedersah. Es stellte sich heraus, dass nun ein Mathelehrer der Besetzer war, der in dem Jungen seine Mutter sah, die er nicht loslassen konnte. Aber das hätte sie auch „geklärt". Im Nachhinein erfuhr ich, dass sich der Notendurchschnitt bei dem Jungen in Mathe nun ohne Mathelehrer um zwei Noten verschlechterte.
Jahre später erzählte mir der inzwischen erwachsene, junge Mann, in ihm gebe es zwei Persönlichkeiten. Zum einen die gute, die den Tag regiere, und dann die schlechte, die seine Nacht beherrsche und sich zunehmend in seinem Wesen ausbreitete.
Von medizinischer Seite wurde eine paranoide Schizophrenie diagnostiziert. Wahrscheinlicher ist, dass es sich hier um eine multiple Persönlichkeitsstörung handelte, die oft fälschlicherweise mit Schizophrenie gleichgesetzt wird.
Niederländische Forscher haben entdeckt, dass Patienten mit gespaltener Persönlichkeit für jedes ihrer beiden „Ichs" eigene Verknüpfungen der Nervenzellen im Gehirn besitzen. Je nachdem, welche Persönlichkeit gerade im Vordergrund steht, werden Eindrücke von unterschiedlichen Hirnregionen verarbeitet. (23)
Der Neurologe Carl Wickland hat sich zusammen mit seiner Frau, die ihm als Medium diente, sein Leben lang mit dieser Problematik auseinandergesetzt. Er berichtet darüber in seinem hochinteressanten Buch „Dreißig Jahre unter den Toten" (34)
Es gibt jedoch auch kurzzeitig geladene Mitbewohner.
Bert Hellinger war Psychoanalytiker. Er studierte Philosophie, katholische Theologie und Pädagogik. 1952 wurde er zum Priester geweiht. In dieser Position war er viele Jahre lang Leiter einer südafrikanischen Missionsschule. Nach seiner Rückkehr aus Südafrika absolvierte Hellinger eine psychoanalytische Ausbildung. In der Folgezeit entwickelte

er seine sogenannte Familienaufstellung. Dabei übernehmen willkürlich ausgewählte Personen die Stellvertreter-Position von wichtigen und prägenden Personen aus der Vergangenheit des Patienten. Diese Personen werden so „gestellt", dass sie der subjektiven Wirklichkeit des Patienten entsprechen. Bei diesen Aufstellungen ist immer wieder zu beobachten, dass der Stellvertreter recht genaue Auskunft über Befindlichkeiten von den durch ihn vertretenen lebenden oder toten Personen geben kann und diese auch so empfindet. Er tritt in die zu vertretende Person ein oder sie in ihn.

Fazit: Bei multiplen Persönlichkeitsstörungen sind Resonanzen und Überlagerungen (Interferenzen) mit anderen virtuellen „Lebensprogrammen" zu vermuten. Diese Überlagerungen können gewollt (wie bei der Familienaufstellung) oder ungewollt (wie bei multiplen Persönlichkeiten) stattfinden.

Gene sind wie die Tasten eines Flügels. Sie steuern nicht nur, sie werden auch vom Unterbewusstsein gesteuert. Das Unterbewusstsein bestimmt über die Tasten (Gene) des Flügels das Musikstück. Die Wahrnehmung ist dabei der Schalter für Gesundheit oder Krankheiten. Je nachdem, wie das Unterbewusstsein die aktuellen Situationen bewertet, löst es körperliche Vorgänge aus.

Naomi Kempe

Epigenetik

Sie erinnern sich vielleicht an das Jahr 1990, in dem führenden Wissenschaftler sich vornahmen, das menschliche Genom zu dekodieren. Man konnte gerade knapp 23000 Gene im menschlichen Genom klassifizieren, gerade mal 1000 Gene mehr, als die, die man bei einem Unkraut fand. Der Rest der Gene, und das waren 98,5 %, wurden als dirty – DNA (dreckige Desoxyribonukleinsäure) diskriminiert. Weiser aber ist man durch das Humangenomprojekt nicht geworden. Das Projekt floppte 2004.

Jetzt stürzte sich alles auf die Epigenetik, die Lehre über die Vererbung von Veränderungen der Genregulation ohne direkte Veränderung der DNA-Sequenz. Und obwohl bis zum heutigen Tag für eine wissenschaftliche Forschung die unabdingbare Standardisierung nicht zu Stande kam, scheint hier am Ende des Tunnels ein Licht zu leuchten:

Es stellte sich heraus, dass die Genexpression, das ist die Bildung von DNA-Sequenz-spezifischen Eiweißen, durch Umfeldbedingungen, vor allem frühkindliche Traumen, aber auch erhöhte Außentemperatur, Kälte, klimatische Veränderungen, Gifte, Schwermetalle, Infektionskrankheiten, körperliche und psychische Traumen, Schmerz, Reproduktionsmedizin, Sport, Dauerstress und Emotionen unter anderem über eine Methylierung teilweise blockiert werden kann.

Auch vorgeburtlich kann es durch Traumatisierung zu epigenetischen Veränderungen beim Embryo und Fetus kommen. Es lassen sich hier drei Zeitebenen unterscheiden, in denen die traumatische Prägung erfolgt (28):
Die erste Prägungsebene betrifft Körper und Existenz und zwar in Bezug auf die Funktionen Fortpflanzung und Leistung. Hier findet eine Prägung unmittelbar vor der Geburt und um den Zeitpunkt der Geburt statt.
Diese Traumatisierung erfolgt durch eine existentielle Bedrohung unter der Geburt z.B. bei Sauerstoffmangel, Kaiserschnitt, Zange, Glocke usw.
Die Folge ist, dass das Kind der Mutter in seinem schlechten Zustand entrissen wird. Das für das Kind so notwendige Streicheln, die Zuwendung, die Oxitocin fördernde Wirkung des Hautkontaktes und das Anfassen des Neugeborenen nach der Geburt fehlt. Das Methylierungsmuster verändert sich.
Auf der zweiten Prägungsebene geht es um die eigene Persönlichkeit und die Kommunikation mit der Gesellschaft, dem Umfeld.
Befindet sich die Mutter ab der 27. Schwangerschaftswoche im Stress, kommuniziert sie nicht mit dem Kind oder verdrängt durch ihren Stress sogar die Schwangerschaft, führt das beim Kind im späteren Leben zu Ängsten, Depressionen, Kommunikationsschwierigkeiten mit anderen Menschen. Die Sprachentwicklung ist verzögert, Konzentrationsstörungen und Hyperaktivität können folgen.
Die dritte Prägungsebene befasst sich mit der Identität und der Eingliederung in die Gesellschaft. Die Schwangerschaft ist in der Regel zum Zeitpunkt der Zeugung unerwünscht und setzt die werdende Mutter unter massiven Stress. Die Stresshormone steigen. In dieser Phase des erhöhten Cortisolspiegels beginnt die Methylierung am 5.Tag (Blastozystenstadium) nach der Verschmelzung von Samen und Eizelle.
Belegt ist, dass der mütterliche Cortisolspiegel zum Zeitpunkt der Zeugung Auswirkungen auf die Genarchitektur des Menschen hat. Abhängig von ihm werden Methyl- und Acetylreste vom väterlichen und mütterlichen Chromatinfaden entfernt, um einen neuen epigenetischen Code im Frühembryo aufbauen zu können.

Es liegt nahe, dass zwischen dem Zeitpunkt der frühkindlichen Methylierung und einer dadurch langfristig möglichen Erkrankung, signifikante Störungen der Befindlichkeit, des Verhaltens und typische Beschwerdebilder zu finden sind.
Je nach Traumatisierung, vor der Geburt, in der frühen Kindheit oder im Erwachsenenalter, haben sich insgesamt 6 Symptom-, Verhaltens- und Erkrankungs-Cluster herauskristallisiert, die bei fehlender Gegensteuerung den Weg in den Krebs oder tödlich endende Herz-Kreislauf Komplikationen bahnen könnten.
Isabelle Mansuy (12), Neurobiologin an der Uni Zürich, führte einen bemerkenswerten Versuch durch. Sie traumatisierte neugeborene Mäuse, indem sie ihnen mehrmals täglich die Mutter wegnahm. Die Folge war, dass diese Mäuse und deren Nachkommen bis in die 5.Generation typische psychische Veränderungen aufwiesen. Sie gaben bei körperlichen Belastungen (erzwungener Schwimmtest) deutlich früher auf als nichttraumatisierte Mäuse und zeigten eine auffällige und sehr riskante, weil unüberlegte, Risikobereitschaft. Ursache hierfür war die über das Trauma zu starke Aktivierung eines Gens, welches für die Cortisolbildung zuständig ist.
Einen ganz anderen Versuch machte John Marzluff (13), Ornithologe und Tierverhaltensforscher an der Universität von Washington. Er fing in einem Park eine Gruppe von Krähen. Dazu bediente er sich eines Netzes, welches mit lautem Getöse über diese Vögel geschossen wurde. Bevor er die Vögel aus ihrer Lage befreite, zog er eine Gummimaske über seinen Kopf. Die Maske brannte sich bei den verängstigten Tieren in ihre Erinnerung.
Fünf Jahre nach diesem Geschehen ging er durch den gleichen Park und Hunderte von Krähen, auch neue Generationen, erkannten ihn als früheren Feind und flüchteten mit lautem Krächzen.
Nun wurden aus diesem Krähenschwarm erneut Krähen gefangen und, um ihre Hirnaktivität darzustellen, einer Positronen-Emissions-Tomografie (PET) zugeführt. Es zeigte sich, dass, als die Vögel den Mann mit der Maske im Tomografen erneut wahrnahmen, eine typische Gehirnaktivität ablief. Zuerst zeigte sich eine erhöhte Hirnaktivität im Hippocampus, dem Areal, welches der Erinnerung

zugeordnet wird. Danach leuchtete im PET die Amygdala, das Stress-Angstzentrum im Hirn, hell auf. Die Erinnerung an die Maske erzeugte Angst.

Es gab ein ähnliches Experiment über in Folgegenerationen weitergeleitetes Wissen mit Ratten in den 30er Jahren des letzten Jahrhunderts, in dem diese Tiere lernten, ein Labyrinth zu durchqueren. Ein Folge-Experiment in den 60ern zeigte, dass der Nachwuchs dieser Ratten und nicht nur der Nachwuchs, den schnellsten Weg durch dieses Labyrinth ohne vorheriges Training schon kannte.

Kann man die Ergebnisse dieser Versuche auf den Menschen übertragen und wie sind diese zu interpretieren?

Sabine Bode berichtet in ihrem Buch „Kriegsenkel" über einen immer wiederkehrenden Albtraum der 1970 geborenen Schauspielerin Esther Schweins aus ihrer Kindheit und Jugend, den sie im ZEITmagazin veröffentlichte.

Der Traum:

„.... Ich trage Zöpfe, eine weiße Bluse und darüber ein blaues Dirndl. Ich laufe auf einer Wiese umher, als plötzlich ein entsetzlicher Krach Himmel und Erde aufreißt, sich Dunkelheit zu allen Seiten auftürmt, mir das Atmen unmöglich wird.

Die Dunkelheit packt mich und katapultiert mich durch eine unsichtbare Röhre ins Nichts. Auf einmal wird es wieder Licht. Vor mir steht ein einäugiger Mann und hält mir einen Strauß Gänseblümchen hin. Ich nehme sie, und die Furcht weicht tiefem Frieden. Dann finde ich mich mit anderen Kindern auf einem Lehmhügel wieder. Wir spielen mit Glassteinen, bis eine Windböe meine Gänseblümchen mit sich reißt.

Ich darf nicht aufblicken, sonst ist wieder ein Kind weg, komme vielleicht ich an die Reihe. Ich kann nicht anders, blicke wiederholt verstohlen auf, immer fehlt eines oder mehrere Kinder. Ich weiß, sie kommen nicht wieder. Ich bin dran. Ich stehe mit anderen Kindern vor einem Wachhäuschen an und habe Furcht.

Die Männer, die uns durchwinken, lächeln. In ihren Mündern ist es schwarz. Wieder packt mich die Dunkelheit, es geht durch die unsichtbare Röhre, die ich nicht berühren darf, wie auf einer Achterbahn

durch das Nichts, urplötzlich sitze ich wieder auf dem Lehmhügel. Ich bin allein. Keines der anderen Kinder ist mehr da. Dann steht dort wieder der Einäugige. Jetzt hält er nur ein Gänseblümchen in der Hand. Ich nehme es, atme auf und erwache."
Die Realität dahinter:
„... Ich bin eine erwachsene Frau und meine Mutter (ist) Großmutter, als ich ihr zum ersten Mal von »demselben immer wiederkehrenden Traum berichte. Sie hört gespannt zu. Als »Lärm und Dunkelheit sich auftürmen«, schluckt sie, und als mir der Mann die Gänseblümchen überreicht, fängt sie zu weinen an. Sie beruhigt sich, beginnt selbst zu erzählen:
Es ist März 1942, als sich meine Mutter, damals fünf, das Haar zu Zöpfen geflochten, in einem blauen Dirndl davonstiehlt, um auf einer Wiese für ihre Mutter Gänseblümchen zu pflücken. Die Mutter freut sich, stellt die Blümchen in einer Vase auf eine Kommode, als der Bombenalarm losgeht. Die Flieger sind schon über der Stadt, sie verschanzen sich im Keller. Den Kopf zwischen den Knien, bangt das kleine Mädchen um die Gänseblümchen, die nun ganz alleine auf der Kommode stehen. Sie werden getroffen an diesem Tag, es sollte viele Stunden dauern, bis sie befreit wurden. Das Mädchen ist geblendet, doch es sieht, dass es keinen dritten Stock, kein Haus, keine Kommode mehr gibt. Aber alle sind am Leben, machen sich auf die Flucht, raus aus einer zerstörten Stadt, in der Pferdefuhrwerke und Automobile in der Mitte der nicht befestigten Kreuzungen kleine Erdhügel hinterließen, auf denen später die Kinder spielten. Der Vater des Mädchens und Ehemann der Mutter war zu diesem Zeitpunkt schon an der Front gefallen. Er war eingezogen worden, obwohl er nur auf einem Auge sehen konnte. Über ihn, die Kinder und die Gänseblümchen wurde nie geredet."
Neben diesen Albträumen äußert sich die Traumatisierung vorausgegangener Generationen in der Regel als Angstkrankheiten und Depressionen. Die sogenannte „German Angst" wird auf die Traumatisierung vieler Deutscher im zweiten Weltkrieg zurückgeführt. Es gibt sogar Meinungen, die das ängstliche Verhalten im 30jährigen Krieg begründet sehen.

Häufig werden diese für den Patienten nicht fassbaren und nicht zu verifizierenden Ängste fälschlicherweise mit fiktiven Missbrauchssituationen in der Kindheit in Verbindung gebracht.
Es stellen sich folgende Fragen: Können Erinnerungen, vor allem Erinnerungen an Traumata, auf dem Chromosom in Form von Methylierungen oder Acetylierungen ähnlich wie auf einem Tonband, einer CD oder einem USB-Stick gespeichert und wieder abgerufen werden? Mit Sicherheit nicht.
Epigenetik scheint sich umwelt- und umfeldbedingt auf Routinen zu beschränken, sei es die situationsbedingte oder die in der Situation angebrachte Produktion von Hormonen bzw. Eiweißen. Und diese Informationen und Funktionen werden auch über epigenetische Mechanismen an Folgegenerationen weitergegeben. Aber was ist der Träger der weiteren Daten, die auf unseren Chromosomen keinen Platz finden?
Schamanen kannten den Mechanismus der Epigenetik schon seit Urzeiten. Sie sprachen von Abdrücken der Vergangenheit, die über das achte Chakra den Weg in unser Leben finden. Die Inkas sprechen davon, dass durch Ängste und Traumatisierung Teile der Seele verloren gingen, die wieder über Rituale (z.B. Feuerrituale) in die Seele eingegliedert werden müssen. Diese Abdrücke in unserem Energiefeld stören die Verbindung mit unserem Umfeld und initiieren physische und psychische Krankheiten. Auch werden die Ahnen mit einbezogen, deren Eigenschaften in dieser Inkarnation inkorporieren.
Ein Schamane wird diese Abdrücke vergangener Traumen als Datensatz in den Chakren suchen und therapieren. Ein Quantenphysiker vermutet sie im informatorischen Raum oder der informatorischen Ebene. Beide, der Indianer und der Quantenphysiker, meinen dasselbe.

Fazit: Die epigenetische Prägung ist eine sehr sinnvolle Einrichtung. Sie ermöglicht die Anpassung an Umweltveränderungen, Bedrohungen, Krankheiten über Generationen hinweg und schafft so größere Überlebenschancen. Leider hat sie, wie wir erfahren haben, auch negative Seiten wie die Übertragung von Traumen aus früheren, fremden virtuellen Leben.

„Was man tief in seinem Herzen besitzt, kann man nicht durch den Tod verlieren.“

Johann Wolfgang von Goethe

Vorbereitung auf den Tod

Es liegt eine tragische Komik in unserem Festhalten: Es ist nicht nur vergeblich, sondern es beschert uns genau den Schmerz, den wir um jeden Preis vermeiden wollten (Sogyal Rinpoche in: Das tibetische Buch vom Leben und vom Sterben).
Wir müssen die Vergangenheit abstreifen und Traumen loslassen. Ein Trauma ist das, was man daraus macht. Die Art der Verarbeitung des Traumas ist entscheidend. Das heißt, je mehr es reflektiert wird, umso mehr richtet es in unserem Innern Schaden an. Traumatisierung führt zu Schutzmechanismen, Verhaltensänderungen und Angstmustern.
Angst gilt als das Gegenteil von Liebe, aber auch als negatives Wunschverhalten. Das heißt, der Betreffende ist in seinem Innersten erst zufrieden, wenn sich das Objekt seiner Angst in Realität umgesetzt hat. Solange lebt er im Stress. Angstmustern folgt Stress. Das Feld im Feld ist gestört.
Eine Enttraumatisierung schafft, die Normalität des Feldes zu bewirken. Abdrücke im Energiefeld durch Traumata stören die Verbindung mit dem Umfeld. Abdrücke aus der Vergangenheit werden aktiviert und Krankheiten und psychische Veränderungen hierdurch initiiert. Indianer stellen sich vor, dass Traumata Teile der Seele stehlen – Rituale sind notwendig, z.B. Meditation, um diese in die Seele zurückzuführen und unseren innersten Ängste zu vernichten.

Fazit: Das Ich, mit allen Anhängseln, Ängsten, Wünschen, Meinungen, Statuten, muss losgelassen werden und man macht sich bereit für den Eintritt in grenzenlose Geborgenheit.

Der Tod ist ein Horizont. Und ein Horizont ist nichts anderes als die Grenze unseres Sehens.

(unbekannt)

Der Tod

Eine befreundete Psycho- und Hypnotherapeutin erkrankte an Lungenkrebs. Zu dieser Zeit hielt in Heidelberg Ullrich Warnke (22) Kurse über Quantenphilosophie und die Interwelt, die wir beide besuchten. Zum Ende seiner Vorträge führte er uns in eine Übung ein, die es möglich machen sollte, diese Interwelt zu besuchen.
Zuhause und in der Praxis wieder angekommen, sprach mich meine Freundin an, sie hätte doch mal Lust, diese Übung in die Wirklichkeit umzusetzen. Ich setzte mich mit ihr auf eine Liege. Sie bat mich während dieser Reise, ihre Hand zu halten. Sie versetzte sich in eine Art Hypnose und „klinkte" sich aus.
Als sie wieder bei sich war, erzählte sie mir ihr Erlebnis: Sie fand sich in einem dunklen, leeren Raum wieder. Zwei sehr unfreundliche Gestalten sprachen sie mit den Worten an: „Was willst Du denn jetzt schon hier, du bist doch erst in 3 ... dran". „Was drei?" fragte ich. Sie wusste es nicht. Genau drei Monate nach diesem Ereignis starb sie.
Mit dem Tod gehen wir in einem anderen Sein auf. Es scheint, dass wir die Fähigkeit, körperlich aktiv zu agieren und zu reagieren verlieren. Aber wir befinden uns in einer höheren Schwingungsebene, von der aus Kontakte oder Aktionen mit der „alten Welt" noch möglich sind. Auch bleiben die Gedanken. Die Erfahrungen sind in unserer Lebensdatenbank noch erhalten, doch der diese Daten verarbeitende „Prozessor", der organisatorische Raum, ist blockiert.
Im Jenseits treiben wir und werden getrieben.
Wie sieht diese Welt aus? So wie es scheint, wechseln die Welten, je nach der Kultur, in der wir aufgewachsen sind. Es ist auffällig, dass die Wege zu diesen Welten immer im Dunkeln beginnen und ins Licht führen.

Die einen begeben sich über einen dunklen Tunnel ins Licht. Die anderen fahren in einem kleinen Boot zu einer entfernten Insel oder zum anderen Ufer. Wieder andere finden sich zuerst in der dunklen Welt der Steine, dann der Pflanzen, dann der Tiere wieder, ehe sie sich im „Himmel“ der Menschen wiederfinden. Und das sind nur wenige Beispiele. Liest man die Totenbücher der verschiedenen Kulturen, so finden sich hierin noch viele weitere Jenseits-Welten.
Was bedeutet der Tod in unserem Feldmodell?
Der Hintergrundraum, der große Regisseur, bleibt uns erhalten. Auch unsere Datenbank, der informatorische Raum, bleibt bestehen, ist jedoch nicht mehr abrufbar, da der Prozessor, der organisatorische Raum, durch den Tod abgeschaltet wurde. Der Zugriff scheint uns verwehrt.
Die reale Welt, das Diesseits, hat den Faktor Zeit verloren, die Welt im Jenseits aber die zeitlose vierte Dimension (s.u.) gewonnen.

Fazit: Wir steigen in eine höhere, zeitlose Dimension auf.

Zeit, Raum und Gravitation haben keine von der Materie getrennte Existenz.

Einstein

Die zeitlose vierte Dimension

Die Vorgänge in der Grundstruktur des Universums sind völlig andere, als unsere Augen und Ohren uns vormachen. Einstein wusste, dass Raum und Zeit Teile der selben Struktur sind. Das gesamte Universum ist mit dieser vierdimensionalen Struktur gefüllt, die die Zeit mit den drei Raumdimensionen verbindet. Diese Struktur, die Raumzeit, kann gebogen und gekrümmt werden. Die Materie beeinflusst diese Krümmung der Raumzeit und die Raumzeit beeinflusst die Bewegung der Materie.

Wie definiert sich die vierte Dimension? Länge mal Breite mal Höhe mal Zeit wäre die Einstein'sche Variante sprich Raumzeit (x mal y mal z mal t). Sie korrespondiert auch mit Burkhard Heims 12-Dimensionen-Modell. Hier überwiegt das materialistische Denken. Nur das Stoffliche wird als wirklich existierend, als Grund und Substanz der gesamten Wirklichkeit anerkannt und Seele und Geist als bloße Funktionen des Stofflichen betrachtet.
In der vierten Dimension besteht eine Bindung an die Zeit. Wir träumen in der Zeit. In dieser Dimension sind Feld, Chakra, Psyche und Körper aneinandergekoppelt. Verlasse ich die Zeit, verschwindet das Prinzip von Ursache und Wirkung, die Kausalität.
Wenn wir den Faktor Zeit gegen Zeitlosigkeit oder Ewigkeit tauschen, rückt ein neuer Faktor „w" nach. Er bezeichnet die Ausdehnung in eine Richtung, die nicht durch andere bereits vorher definierte Dimensionen (x, y, z) dargestellt werden kann. Unser Universum verwandelt sich über diesen Faktor in ein Multiversum mit parallel existierenden

Galaxien, Sonnen, Planeten und Erden. Diese sind aus unserer dritten Dimension heraus nicht als Realität zu erfassen, da jede Dimension ihre eigene Realität besitzt.
Zu den unwidersprochenen Theorien der Quantenphysik gehören die Annahmen, dass, da hier keine Zeit existiert, Vergangenheit, Gegenwart und Zukunft parallel existieren und diese sich im Multiversum auf mehrere Erden aufteilen. Dazu kommen noch Erden, die als „Trainingsplätze" agieren und wo „Wahrscheinlichkeiten" in ihrer Wirkung auf unser Seelenkostüm ausgetestet werden können. Bei diesen Wahrscheinlichkeiten handelt es sich um Herausforderungen, Gelegenheiten und Entscheidungen, die uns im Tagesablauf fordern und von uns entschieden werden müssen.
Gezielten und ungezielten Zugriff auf diese Welten haben wir an erster Stelle über unser Traumgeschehen, vor allem über prospektive, retrospektive oder telepathische Wahrträume oder im Tod.
Astronomen um Alexander Kashlinsky vom Goddard Space Flight Center der NASA in Greenbelt, Maryland (USA) haben neue Daten gesammelt, die die Theorie eines „Multiversums" stärker stützen, als bisherige Messungen das konnten. Sie wiesen nach, dass unser Universum nicht nur expandiert, sondern auch dass alle Galaxien sich mit Geschwindigkeiten von bis zu 800 Kilometern pro Sekunde in eine bestimmte Richtung bewegen. Das setzt ein Multiversum voraus, schließt aber Bohms Theorie des aktiven Informationsfeldes und der impliziten Ordnung nicht aus. Diese Ordnung, aus der alles hervorgeht, existiert, tritt aber nie in ihrer Vielfältigkeit als Ganzes in Erscheinung.

Fazit: Ob tot oder lebendig, wir sind in vielen uns prägenden Welten zuhause. Doch scheint es, dass die von uns im Jetzt erlebte Welt nur ein Teil der verdeckt organisierenden Ganzheit darstellt. Wir werden von dieser organisierenden Ordnung bestimmt und tragen diese Ordnung in uns.

Wer die Wahrheit sucht, darf nicht erschrecken, wenn er sie findet...

Chinesisches Sprichwort

Und was nun?

Was sagen uns und vor allem Ihnen die Berichte, die Stellungnahmen, die Kritiken und die sich teilweise widersprechenden Theorien?
Mir in meiner Person ist klar geworden, dass es mit dem Tod weitergeht und dass der Zustand Tod wie das Leben ist. Aber die Realität finden wir im Tod.
Bruce Lipton brachte einmal einen wundervollen Vergleich: Unser Körper ist nichts anderes als ein Radioempfänger. Es macht uns nichts, wenn er im wahrsten Sinn des Wortes einmal seinen Geist aufgibt und nicht mehr empfängt, denn der Sender, unsere Seele, unser wahres Ich, ist unsterblich und existiert weiter.
Lassen wir uns auf diese „Denke“ ein, verschwindet unsere Angst vor dem, was unbestritten in der Zukunft, die es nicht gibt, auf uns zukommt. Wir gehen „cooler“ und verantwortungsvoller mit dem „Gespann“ Leben und Tod um.
Wenn es mir gelungen ist, auch Ihnen dieses Denken zu vermitteln, hat es sich für mich gelohnt, so ein realitätsfernes oder -nahes Buch zu schreiben. Was meinen Sie?

Ich danke Ihnen.

Quellen*

* zum großen Teil aus Wikipedia zitiert

Personen

1. David Joseph Bohm (* 20. Dezember 1917 in Wilkes-Barre, Pennsylvania; † 27. Oktober 1992 in London) war ein amerikanischer Wissenschaftler, der als einer der bedeutendsten theoretischen Physiker des 20. Jahrhunderts bezeichnet wird und der unorthodoxe Ideen zur Quantentheorie, Neuropsychologie und Philosophie des Geistes beisteuerte. Bohm vertrat die Ansicht, dass die Quantenphysik bedeutet, dass das alte kartesianische Modell der Realität zu begrenzt ist. Bohms Hauptanliegen war es, die Natur der Realität im Allgemeinen und des Bewusstseins im Besonderen als ein kohärentes Ganzes zu verstehen, das nach Bohm niemals statisch oder vollständig ist.

2. Thomas Warren Campbell (*9. Dezember 1944) ist Physiker, Dozent und Autor der Trilogie My Big T.O.E. (Theory of Everything), einem Werk, das behauptet, die allgemeine Relativitätstheorie, die Quantenmechanik und die Metaphysik sowie die Ursprünge des Bewusstseins zu vereinen. Das Werk basiert auf dem Simulationsargument, das besagt, dass die Realität sowohl virtuell als auch subjektiv ist. Zusammenarbeit mit der NASA und dem US-Verteidigungsministerium

3. Jiin-Ju Chang ist Leiterin der Abteilung für Zellbiophysik der Chinesischen Akademie der Wissenschaften in Peking. Sie ist Gründerin und Direktorin des Internationalen Instituts für Biophysik bei Neuss, Research Fellow beim europäischen Institut für molekulare Biologie, hat zahlreiche wissenschaftliche Arbeiten über biochemische und physikalische Grundlagen der intra- und interzellulären Kommunikation sowie über biologische Einflüsse physikalischer Faktoren auf lebende Zellen veröffentlicht. Seit 1985 arbeitet sie schwerpunktmäßig auf dem Gebiet des Bioelektromagnetismus.

4. Peter Brooke Cadogan Fenwick (geb. 25. Mai 1935) ist ein britischer Neuropsychiater und Neurophysiologe mit Schwerpunkt auf Forschungen zur Epilepsie sowie Nahtod-Studien. Nach einem naturwissenschaftlichen Studium am Trinity College in Cambridge absolvierte er ein Praktikum am St Thomas' Hospital in London. Er ist Senior Lecturer am King's College London und arbeitet dort als Berater am Institut für Psychiatrie. 2003 traten Fenwick und der Kardiologe Sam Parnia in einem Dokumentarfilm der BBC unter dem Titel The Day I Died auf.

5. Richard Feynman (* 11. Mai 1918 in Queens, New York; † 15. Februar 1988 in Los Angeles) gilt als einer der großen Physiker des 20. Jahrhunderts, der wesentlichen Beiträge zum Verständnis der Quantenfeldtheorien geliefert hat. Zusammen mit Shin'ichirō Tomonaga und Julian Schwinger erhielt er 1965 den Nobelpreis für seine Arbeit zur Quantenelektrodynamik (QED). Seine anschauliche Darstellung quantenfeld-theoretischer elementarer Wechselwirkungen durch Feynman-Diagramme ist heute ein De-facto-Standard. Für Feynman war es immer wichtig, die unanschaulichen Gesetzmäßigkeiten der Quantenphysik Laien und Studenten nahezubringen und verständlich zu machen.

6. Burkhard Christian Ludwig Alexander Heim (* 9. Februar 1925 in Potsdam; † 14. Januar 2001 in Northeim) war ein deutscher Physiker.[1] Bei einem fehlgeschlagenen Experiment zog er sich lebensgefährliche Verletzungen zu, die er schwerbehindert überlebte. Zusammen mit Walter Dröscher entwickelte er das 12 Dimensionen Modell.

7. Werner Karl Heisenberg (* 5. Dezember 1901 in Würzburg; † 1. Februar 1976 in München) war ein deutscher Physiker. Heisenberg gab 1925 die erste mathematische Formulierung der Quantenmechanik an. 1927 formulierte er die Heisenbergsche Unschärferelation, die eine der fundamentalen Aussagen der Quantenmechanik trifft – nämlich, dass bestimmte Messgrößen eines Teilchens, etwa dessen Ort und dessen Impuls, nicht

gleichzeitig beliebig genau zu bestimmen sind. Für die Begründung der Quantenmechanik wurde er 1932 mit dem Nobelpreis für Physik ausgezeichnet. Er gilt als einer der bedeutendsten Physiker des 20. Jahrhunderts. Er befasste sich auch intensiv mit den philosophischen Auswirkungen der Quantenmechanik.

8. Gerard 't Hooft * 5. Juli 1946 in Den Helder) ist ein niederländischer Physiker und Nobelpreisträger. Er erhielt 1995 den Spinoza-Preis und 1999 den Nobelpreis für Physik gemeinsam mit Martinus Veltman für ihre entscheidenden Beiträge zur Quantenfeldtheorie und speziell den Renormierungsbeweis der Theorie der elektroschwachen Wechselwirkung. Er leistete wichtige Beiträge zur Renormierung von Eichtheorien, zum Confinement von Quarks, zur Theorie der Anomalien in der Quantenfeldtheorie und zur Theorie der Instantonen. Eine Monopol-Lösung in Yang-Mills-Theorien ist nach ihm und Alexander Poljakow benannt. Seine wichtigste Leistung ist der Beweis der Renormierbarkeit von Yang-Mills-Theorien mit spontanem Symmetriebruch, den er zusammen mit seinem Lehrer Martinus Veltman 1971 erbrachte. Zusammen mit anderen wichtigen Entwicklungen Anfang der 1970er Jahre (z. B. asymptotische Freiheit) führte das dazu, Quantenfeldtheorien zur damaligen Zeit wieder „respektabel" zu machen.

9. Michio Kaku (jap. 加來 道雄 , Kaku Michio; * 24. Januar 1947 in San José, Kalifornien) ist in der breiten Öffentlichkeit einer der bekanntesten Physiker in den Vereinigten Staaten. Sein Forschungsgebiet ist die theoretische Physik, genauer die Stringtheorie. Hauptsächlich bekannt ist er durch seine populärwissenschaftlichen Beiträge zu theoretisch-physikalischen Themen.

10. Bruce Harold Lipton (* 21. Oktober 1944 in Mount Kisco, New York) ist ein US-amerikanischer Entwicklungsbiologe und Stammzellforscher. Er trat besonders durch die Verbreitung des Gedankens hervor, dass die Genexpression durch die Umwelt, die Einstellungen und Gedanken eines Menschen beeinflusst werden kann.

11. Alexander Lowen (* 23. Dezember 1910 in New York; † 28. Oktober 2008 in New Canaan, Connecticut) war ein US-amerikanischer Jurist, Anwalt, Arzt und Psychotherapeut. Als Schüler von Wilhelm Reich entwickelte er die Bioenergetische Analyse. Der Fokus seiner therapeutischen Arbeit lag auf der Lösung von Blockaden („Panzerungen" bzw. „Sicherungsbewegungen"), die den Selbstausdruck behindern. Die Arbeit im Stehen mit dem Ziel der Verbesserung des Energieflusses in den Beinen und im Becken (Arbeit am sogenannten „Grounding" bzw. das „Erden") wurde von Lowen als Basis angesehen.

12. Isabelle M. Mansuy (geboren am 5. Dezember 1965 in Cornimont, Frankreich) ist Professorin für Neuroepigenetik an der Medizinischen Fakultät der Universität Zürich und am Departement für Gesundheitswissenschaften und -technologie der Eidgenössischen Technischen Hochschule Zürich. Sie ist bekannt für ihre Arbeit über die Mechanismen der epigenetischen Vererbung im Zusammenhang mit Kindheitstraumata.

13. John Mark Marzluff (* 1958 in Lawrence) ist ein US-amerikanischer Ornithologe und Ökologe. Er hat eine Professur an der University of Washington inne. Sein Forschungsschwerpunkt liegt auf der Naturschutzbiologie Hawaiis und Washingtons sowie der Erforschung der Rabenvögel (Corvidae), über die er mehrere populärwissenschaftliche Bücher geschrieben hat.

14. Roger D. Nelson ist Direktor des Global Consciousness Project (GCP), einer 1997 gegründeten internationalen Zusammenarbeit mehrerer Labore zur Erforschung des kollektiven Bewusstseins. Von 1980 bis 2002 war er Forschungskoordinator am Princeton Engineering Anomalies Research (PEAR)-Labor an der Princeton University. Sein beruflicher Schwerpunkt war die Erforschung von Bewusstsein und Absicht, sowie der Rolle des Geistes in der physischen Welt. Seine Arbeit integriert Wissenschaft und Spiritualität, einschließlich Forschungen, die sich direkt auf numinose Gemeinschaftserfahrungen konzentrieren. Aufbauend auf jahrelangen Laborexperimenten, in denen er die Auswirkungen menschlicher Absichten auf empfindliche technische Geräte untersuchte, begann Nelson, die Technologie der Zufallsgeneratoren (REG) in der Praxis einzusetzen, um die Auswirkungen spezieller Zustände des Gruppenbewusstseins zu untersuchen.

15. Sir Paul Maxime Nurse (* 25. Januar 1949 in Norwich, England) ist ein britischer Biochemiker, Zellforscher, Neurobiologe und Mikrobiologe. Er erhielt 2001 den Nobelpreis für die Entdeckung von Schlüsselregulatoren der Zellteilung. Ein wissenschaftlicher Schwerpunkt von Nurse ist die Erforschung der biologischen Schlüsselkomponenten des so genannten Zellzyklus.

16. Max Karl Ernst Ludwig Planck (* 23. April 1858 in Kiel, Herzogtum Holstein; † 4. Oktober 1947 in Göttingen) war ein deutscher Physiker auf dem Gebiet der theoretischen Physik. Er gilt als Begründer der Quantenphysik. Für die Entdeckung einer später nach ihm benannten Konstanten in einer physikalischen Grundgleichung, des Planckschen Wirkungsquantums, erhielt er 1919 den Nobelpreis für Physik des Jahres 1918. Nach dem Studium in München und Berlin folgte Planck 1885 zunächst einem Ruf nach Kiel, 1889 wechselte er nach Berlin. Dort beschäftigte sich Planck mit der Strahlung Schwarzer Körper und konnte 1900 eine Formel – die später nach ihm benannte Plancksche Strahlungsformel – präsentieren, die diese Strahlung erstmals korrekt beschrieb. Damit legte er den Grundstein für die moderne Quantenphysik.

17. Fritz-Albert Popp (* 11. Mai 1938 in Frankfurt am Main; † 4. August 2018 in Meerbusch) war ein deutscher Biophysiker, der sich seit den 1970er Jahren der Erforschung so genannter Biophotonen widmete. Als Gastprofessor berufen: an die indische North-Eastern Hill University, an die Universität im chinesischen Harbin, an die amerikanische Princeton-Universität und an die Temple-Universität in Philadelphia.

18. Olga Häusermann Potschtar wurde in Russland in der Nähe von Wladiwostok geboren. Hier studierte sie Medizin. In Deutschland erhielt sie die Zulassung als Heilpraktikerin. Sie unterrichtet russische Heil- und Informationsmedizin, die mit Hilfe mentaler Konzentrationstechniken das menschliche Bewusstsein beeinflussen und die Realität steuern kann (Potschtar/Becker „Russische Informationsmedizin", Goldmannn 2014)

19. Erwin Rudolf Josef Alexander Schrödinger (* 12. August 1887 in Wien-Erdberg; † 4. Januar 1961 in Wien-Alsergrund) war ein österreichischer Physiker und Wissenschaftstheoretiker. Schrödinger gilt als einer der Begründer der Quantenmechanik und erhielt für die Entdeckung neuer produktiver Formen der Atomtheorie gemeinsam mit Paul Dirac 1933 den Nobelpreis für Physik. 1926 formulierte Schrödinger die nach ihm benannte Schrödingergleichung. Der Zugang zur Quantenmechanik, den Schrödinger mit Hilfe dieser partiellen Differentialgleichung fand, kam etwas später als Heisenbergs Matrizenmechanik. Diese Arbeiten brachten ihm schließlich auch den Nobelpreis für Physik im Jahr 1933 ein. Sein wohl bekanntestes Gedankenexperiment ist Schrödingers Katze, womit er die kontraintuitiven Aussagen der Quantenmechanik auf Gegenstände des täglichen Lebens übertrug und so seine Ablehnung der üblichen statistischen Interpretation der Quantenmechanik zum Ausdruck bringen wollte.

20. Petra Schwille (* 25. Januar 1968 in Sindelfingen) ist eine deutsche Biophysikerin. Sie ist am Max-Planck-Institut für Biochemie Direktorin der Abteilung „Cellular and Molecular Biophysics". Schwille ist auch Koordinatorin des großen Max-Planck-Forschungskonsortiums „MaxSynBio" zur synthetischen Biologie. Im Anschluss an ihre Promotion arbeitete sie von 1997 bis 1999 als Postdoktorandin am Department for Applied and Engineering Physics der Cornell University, Ithaca, NY unter Watt W. Webb, gefördert durch ein Feodor-Lynen-Forschungsstipendium der Alexander-von-Humboldt-Stiftung. Von 1999 bis 2002 war sie, ausgezeichnet mit dem Biofuture-Preis des Bundesministeriums für Bildung und Wissenschaft (BMBF), Gruppenleiterin für experimentelle Biophysik am MPI-bpc in Göttingen. YouTube (2021) Auf der Suche nach dem Atom des Lebens (https://www.youtube.com/watch? v=8ini__dPLjk)

21. Alberto Villoldo (*28. Mai 1949 Kuba) ist Psychologe und medizinischer Anthropologe. 25 Jahre lang bereiste er die Hochländer der Anden und des Amazonas und studierte die schamanischen Heilpraktiken.

22. Ulrich Warnke (* 1945) ist ein deutscher Biologe. Warnke studierte Biologie, Physik, Geografie und Pädagogik. Er arbeitete jahrelang als Universitätsdozent mit Lehraufträgen in Biomedizin, Biophysik, Umweltmedizin, Physiologische Psychologie und Psychosomatik, Präventivbiologie und Bionik. Seit 1969 forscht er auf dem Gebiet »Wirkungen elektromagnetischer Schwingungen und Felder, einschließlich Licht auf Organismen«; seit 1989 leitet er die Arbeitsgruppe Technische Biomedizin. Darüber hinaus ist Warnke akademischer Oberrat an der Universität des Saarlandes (seit 2010 in Pension), Gründungsmitglied der Gesellschaft für Technische Biologie und Bionik e. V. und ein gefragter Referent und Vortragsredner.

23. Thomas Carell (geboren am 26. April 1966 in Herford) ist ein deutscher Chemiker. Von 1993 bis 1995 ging Thomas Carell als Postdoktorand an das Massachusetts Institute of Technology (MIT) in Cambridge, wo er an der Erstellung und dem Screening von Moleküldatenbanken kleiner Moleküle arbeitete. Thomas Carell arbeitete während seiner akademischen Laufbahn als organischer Chemiker vor allem mit Porphyrinen, also komplexen Ringmolekülen, zu denen auch das Chlorophyll und das Häm gehören. Von diesen biologisch interessanten Stoffen kam er zur Desoxyribonukleinsäure (DNA), deren Reparaturmechanismen durch spezifische Enzyme, den Photolyasen, er aufklärte.

24. Jim B. Tucker ist Kinderpsychiater und Professor für Psychiatrie und Neurowissenschaften an der University of Virginia School of Medicine. Seine Hauptforschungsinteressen sind die Dokumentation von Geschichten von Kindern, von denen er behauptet, dass sie sich an frühere Leben erinnern. Er ist der Autor von Life Before Life: A Scientific Investigation of Children's Memories of Previous Lives (Eine wissenschaftliche Untersuchung der Erinnerungen von Kindern an frühere Leben), das einen Überblick über mehr als vier Jahrzehnte Reinkarnationsforschung an der Abteilung für Wahrnehmungsstudien bietet.

25. Ian Pretyman Stevenson (31. Oktober 1918 - 8. Februar 2007) war ein in Kanada geborener amerikanischer Psychiater. Er war fünfzig Jahre lang an der University of Virginia School of Medicine tätig, von 1957 bis 1967 als Vorsitzender der Abteilung für Psychiatrie, von 1967 bis 2001 als Carlson-Professor für Psychiatrie und von 2002 bis zu seinem Tod als Forschungsprofessor für Psychiatrie. Als Gründer und Leiter der universitären Abteilung für Wahrnehmungsstudien, die sich mit paranormalen Phänomenen befasst, wurde Stevenson durch seine Untersuchungen von Fällen bekannt, die er als Hinweise auf Reinkarnation ansah, d. h. auf die Vorstellung, dass Emotionen, Erinnerungen und sogar körperliche Merkmale von einem Leben auf ein anderes übertragen werden können

Literatur und Links

26. Paul Nurse, „Was ist Leben?“ Aufbauverlag 2021

27. Roger D. Nelson, Georg Kindel, „Der Welt-Geist“, edition a Verlag 2018

28. Winfried Weber, „Die Wahrheit hinter der Medizin“, BOD 2021

29. Paavo Pylkkänen, Mind, Matter & Active Information, “The Relevance of David Bohm’s Interpretation of Quantum Theory to Cognitive Science” http://quantum-mind.co.uk/theories/david-bohm/mind-matter-active-information/

30. David Joseph Bohm, Philosophical Psychology „A new theory of the relation of mind and matter“1990

31. Neale D Walsch, Gespräche mit Gott, Goldmann Verlag

32. Reinhard Eichelbeck in Dürr und andere, Elemente des Lebens), Die graue Edition 2000

33. Michio Kaku, „Die Physik des Bewusstseins“, Nikol Verlag 2021

34. Carl Wickland, „Dreissig Jahre unter den Toten“, Reichelverlag 1924/2007

35. The Bongiovanni Family https://www.thebongiovannifamily.it/in-deutscher-sprache/jahr-2011/5131-die-reinkarnation.html

36. Simone Reinders von der Universität Groningen und ihre Kolleginnen der Fachzeitschrift „NeuroImage“ und in der Zeitschrift Spiegel 10.01.2004 und der Spiegel-Ausgabe 9/2013

37. Alexander, Eben, Blick in die Ewigkeit, Ansata Verlag 2013
https://www.youtube.com/watch?v=2u-cVJDngVM

38. Moorjani, Anita,"Heilung im Licht", Goldmann Verlag

Von Stufe zu Stufe

Eine Mitteilung aus dem Jenseits

Oscar Busch

Das Buch ist ein Bericht aus dem Jenseits - er wurde Anfang des 20. Jahrhunderts medial empfangen.
Es zeigt die verschiedenen Verknüpfungen unter den Menschen (auf Seelenebene und in der Inkarnation auf Erden) anhand mehrerer Erdenleben derselben Personen auf. Gefühle sind ein Trick des Schicksals um diejenigen zusammenzuführen, die noch etwas abzuarbeiten haben.

96 Seiten, kartoniert mit Klappen
ISBN: 978-3-95531-210-7 **12,50 €**

Trauern in Gemeinschaft

Sicher den Boden verlieren

Ulrike Reimann

Das ungewollte Alleinsein nach dem Verlust eines geliebten Menschen offenbart eines der letzten Tabu-Themen unserer Gesellschaft. Viele trauernde Menschen erfahren die Ohnmacht, Hilflosigkeit und Sprachlosigkeit ihres Umfelds und leiden unter sozialer Isolation. Das Fehlen der anderen, das Auf-sich-zurückgeworfen-Sein in der Abschiedszeit erschwert die Trauer und das Zurückfinden ins Leben.

180 Seiten, kartoniert mit Klappen
ISBN: 978-3-944615-36-3 **15,90 €**

Ewig sein

Das Geheimnis des Lebens

Elaisa Verlag

Worum geht es im Leben wirklich? Wie kann ich glücklich werden? Ist mit meinem Tod alles vorbei? Diese Fragen, die uns immer wieder bewegen, sind so alt wie die Menschheit!
Wahre Antworten auf diese existenziellen Fragen können Sie in diesem Buch finden. Denn die Antworten, die tiefe Klarheit und universelle Weisheit widerspiegeln, entstammen aus einer Quelle, die Elaisa, die Autorin, Die Einheit nennt.

144 Seiten, Hardcover
ISBN: 978-3-9816685-3-7 **16,- €**

Alle Titel sind im Buchhandel verfügbar und können bei der Synergia Auslieferung bestellt werden.

www.synergia-auslieferung.de Synergia